U0498884

写真 顺治

陈捷先⊙作品

商务印书馆

2011年·北京

涵芬楼文化 出品

🏵 清世祖福临朝服像

崇德八年（公元1643年）八月二十六日，福临以六岁之龄登基，建元顺治。

🏵 顺治皇帝半身朝服像

福临是清朝入关后的第一位皇帝，顺治朝只历时十八年，却有不少内治上的贡献值得一述。

❀ 图上：清太宗皇太极朝服像

崇德八年八月初九日，福临的生父皇太极暴卒，引发了清朝的继统危机。

❀ 图下：永福宫庄妃朝服像

福临的生母博尔济吉特·布木布泰，是关系到清朝早年存亡的关键人物，也是对他人生影响最大的人之一。

🌸 图上：山海关

山海关，又名"榆关"或"临榆关"，是明代蓟州镇之东部要隘，东北地区与中原内地的交通枢纽，自古为兵家必争之地。

🌸 图下：吴三桂画像

明朝辽东宁远总兵官吴三桂在入京归附李自成途中，听到爱妾陈圆圆被大顺军将领刘宗敏掠去、父亲吴襄遭收押索饷的消息后，一怒之下立即回师重返山海关，并遣人致书多尔衮借兵求援，迎清军入关。

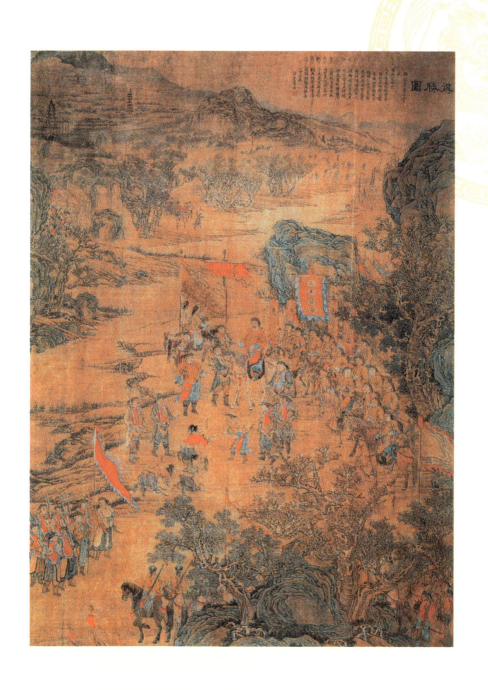

❀ 多铎入南京图

顺治元年（公元1644年）十月，清朝命豫亲王多铎为定国大将军，同孔有德、耿仲明率兵征讨南明弘光政权。次年五月十五日，清军进入南京。

❀ 史可法像

顺治二年（公元1645年）四月，多铎统领清军围攻扬州城，以红衣大炮猛轰。史可法率城中军民固守，城陷之日，他自杀未死，劝降不从，最后壮烈殉国。

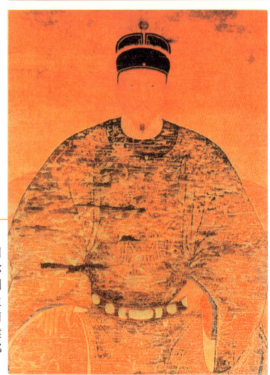

❀ 郑成功像

郑成功，郑芝龙长子，受南明隆武帝器重，赐姓朱，故人称"国姓爷"。在国恨家仇的剧变下，郑成功弃文就武，毕生抗清，先是盘据厦门成为东南沿海的巨患，后又东渡台湾建立新的复明基地，揭开了清郑和战的漫长历程。

❀ 多尔衮像

多尔衮是皇太极的同父异母弟，福临的叔父。据说努尔哈齐死时，曾有意让多尔衮继承汗位，可惜他因故错失了机会；皇太极死后，他本有资格竞夺皇位，后为顾全大局，同意让福临为君，自己与济尔哈朗共同辅政。多尔衮摄政期间，正是明清易代的关键时刻，军国大事多由其代决，成为清朝事实上的最高决策者。

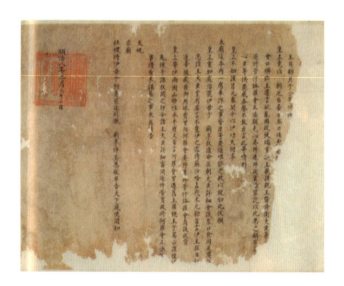

🎴 图上：皇父摄政王以疾上宾哀诏

顺治七年（公元1650年）十二月初九日，摄政王多尔衮在边外打猎时，猝死于喀喇城。待多尔衮的柩车还京后，顺治皇帝发布哀诏，按照帝礼为之举行隆重丧仪。

🎴 图下：多尔衮母子并妻罢追封撤庙享诏书（局部）

顺治八年（公元1651年）正月二十六日，多尔衮被追尊为"义皇帝"，庙号"成宗"，与其元妃同祔太庙。但短短两个月内，风云丕变，顺治皇帝下诏将多尔衮削爵，撤出他及其母、妻庙享，开除宗室，追夺封典，断绝后嗣，籍没家产人口入官，并掘毁其陵墓，凌虐其遗体，然后斩首暴尸示众。

图上：顺治皇帝亲政大赦诏书

顺治八年正月十二日，福临御太和殿举行亲政大典，并颁布恩诏，大赦天下，减免积欠钱粮及部分州县赋税。

图下：清世祖章皇帝实录·督垦荒地劝惩则例

福临亲政后，开始大力推行鼓励屯田垦荒的政策。顺治十四年（公元1657年）四月初十日，清廷公布了《督垦荒地劝惩则例》，按垦荒数量给予地方官奖励。

✿ 山东曲阜孔庙

顺治皇帝了解"尊孔崇儒"可以治理中国的道理，立下"以文教定民"原则。他在亲政之后，不仅隆盛祭孔礼仪，重用可靠汉人，而且以文字狱、禁结社、科场案整顿士风，杜绝明朝"官骄士横"的现象。

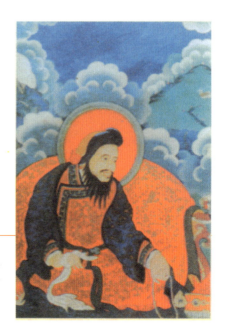

✿ 顾实汗像

顾实汗是"国师"的音译，又作固始汗，为明清之际厄鲁特蒙古和硕特部首领。通过顾实汗居中牵线，清廷得以与西藏的宗教领袖接触。

❀ 五世达赖喇嘛觐见顺治皇帝图

五世达赖喇嘛于顺治九年（公元1652年）三月应清廷迎请，动身前往北京，沿途得到清朝官员隆重接待。同年十二月十五日，达赖至京，顺治皇帝在南苑会见他，赐座、赐茶、赐宴，极为优礼，后又在太和殿中设专宴款待达赖，也让他和自己一同登朝登座，位于群臣之上。次年二月，达赖以水土不服为由，辞归。

🏵 皇清和硕荣亲王圹志（底部）

顺治十四年（公元1657年）十月，董鄂妃生下一子，为福临的第四子，尚未及取名，即在次年正月夭亡，后被追封为荣亲王，安葬于北京东面的蓟县黄花山下。其圹志底部镌有册封文，首句说"和硕荣亲王，朕第一子也"，显示福临似有立董鄂妃之子为皇太子的意思。（于善浦摄影）

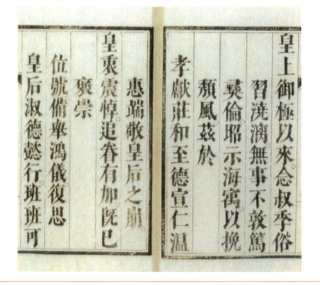

🏵 御制哀册

顺治十七年（公元1660年）八月十九日，董鄂妃病逝，对福临来说是无比沉重的打击。他悲恸至极，不惜屈尊为爱妻亲撰行状与哀册，字里行间流露出浓烈的情感。

🏵 汤若望像

汤若望（Johann Adam Schall Von Bell），德国人，耶稣会传教士，通晓天文、历法、数学、机械等多门学科，深得顺治皇帝的喜欢和优待。福临平日以满语尊称这位西洋神父为"玛法"，曾授予他"通玄教师"的称号，又为教堂御笔亲书"通玄佳境"匾额。

🏵 清孝陵全景

顺治十八年（公元1661年）正月初七日，福临因感染天花，在紫禁城内养心殿溘然长逝，享年二十四岁。他死后遗体火化，宝宫安葬于今河北省遵化市昌瑞山主峰南麓的孝陵。（刘满仓摄影）

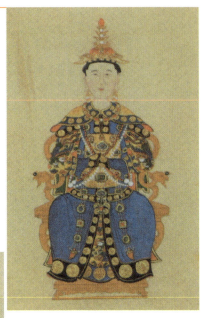

❀ 孝惠章皇后朝服像

孝惠章皇后，博尔济吉特氏，是皇太后布木布泰的侄孙女、废后的侄女，福临的第二位皇后。顺治十五年（公元1658年）正月，福临借口她奉侍婆婆礼节不周，下令停止其中宫笺表，欲再次废后。后遭皇太后劝阻，未遂。

❀ 康熙皇帝便服写字像

福临的第三子玄烨，顺治十一年（公元1654年）三月十八日出生，生母为孝康章皇后佟佳氏，八岁时继承皇位，建元康熙，俗称康熙大帝。他在位六十一年，文治武功两盛，为清朝开创了盛世。

🏵 敬佛碑拓片

福临御笔正书"敬佛"二字，碑额篆书"敬赐法海禅寺"，顺治十七年三月十六
日刻。

❀ 墨笔山水轴

顺治十二年（公元1655年）十一月初一日，福临御笔所绘，赐予汉人大学士傅以渐。

順治写真

目录

◇ 推荐人的话：厚积薄发，引人入胜/1

◇ 前言：顺治朝的清史值得研究吗？/4

一　顺治皇帝的家世/1

二　顺治皇帝的生父生母/4

三　福临清宫/7

四　皇位继承纷争/10

五　争继余波/16

六　福临登基/19

七　即位后的内外情势/22

八　明亡前后的流民军与清军/27

九　决战山海关/32

十　多尔衮入北京/36

十一　稳定华北局势/39

十二　清朝迁都/43

十三　福临再即帝位/46

十四　大封功臣、颁即位诏/50

順治写真

十五　　平定"土寇"/54

十六　　剿平流民大军/57

十七　　消灭大西政权/61

十八　　征讨南明诸王/64

十九　　圈地、投充、逃人法/70

二十　　颁降剃发严旨/75

二十一　济尔哈朗权位的停罢/80

二十二　豪格的冤死/84

二十三　太后下嫁？/88

二十四　皇父摄政王/93

二十五　多尔衮之死/98

二十六　处死阿济格/103

二十七　顺治皇帝亲政/106

二十八　清算多尔衮及其党羽/110

二十九　布置人事巩固政权/114

三十　　改善财政窘境/119

三十一　顾惜军民生计/123

三十二　除恶霸、安地方/128

三十三　严惩贪官/132

顺治写真

三十四　首崇满洲/137

三十五　热心满文教育/141

三十六　重用可靠汉人/146

三十七　顺治朝的文字狱与科场案/151

三十八　重设十三衙门与内阁/158

三十九　清郑和战/162

四十　控制蒙古/168

四十一　羁縻西藏/172

四十二　击败罗刹/177

四十三　立后又废后/181

四十四　钟情董鄂妃/186

四十五　顺治与汤若望/192

四十六　顺治与佛教高僧/196

四十七　顺治之死/200

四十八　顺治遗诏/206

四十九　顺治皇帝的妻妾子女/210

五十　顺治皇帝的学养/214

◇　结语：我评顺治/219

厚积薄发，引人入胜

王思治

今人有将其各类生活照片汇集成册，名之曰"写真集"，意在去其铅华，或矜持作态，或矫揉造作，而以真实的本来面目示人。

陈捷先教授新著《顺治写真》，顾名思义，本书之写作，既要遵循历史著作务必求真求实的根本要求，文字又要平实可读，有如"写真集"所表现之真实面貌。有别于通常所见之历史人物传记，旁征博引，考订史迹，文字拘泥而乏味，非专业史学者，往往难于卒读。

要用简洁平实的行文叙述顺治帝生平及顺治朝史迹，并非易事。这需要对客观存在的历史演进脉络，当时各种政治军事力量之间的争斗与格局，各营垒中历史人物及其人际关系，均能了然于胸，掌握大量可信史料，且融会贯通，方能娓娓道来，运笔行文，如数家珍，叙事明快而引人入胜。陈捷先教授，清史名家，学术造诣深厚。《顺治写真》之最显著特点，正如上述。本书所写，事事均有丰富史料可稽；文笔流畅，文风朴实，读来轻松，兴趣盎然。

清朝开国，历太祖努尔哈齐、太宗皇太极，至世祖福临才取得全国政权。公元1616年，努尔哈齐建元天命，建国号曰"金"（史称后金）。公元1636年，皇太极改元崇德，改国号曰"大清"，清朝登上历史舞台。崇德八年（公元1643年），皇太极崩逝，六岁的皇九子福临继统，改明年为顺治元年（公元1644年）。四月，清军与明宁远总兵吴三桂合军，山海关大战，击败李自成领导的大顺农民军。五月初二日，清摄政王多尔衮进入北京城，宣布清廷"定鼎燕京"，迎顺治帝由沈阳迁都北京。十月初一日，顺治帝亲诣南郊，告祭天地，即皇帝位。"表正万邦"，"以绥中国"，君临天下，"仍用大清国顺治纪元"。清朝由东北一隅的地方政权，发展成中国的统治者，建立起我国历史上最后一个封建王朝。

明崇祯十七年，即清顺治元年，岁在甲申。这一年，明亡清兴，清朝纪年自本年始。

明清鼎革，顺治朝历史纷繁，时人说："明亡，天下分裂。"在当时中国腹地上，四个政权先后同时并存：入据北京及华北的清；退往陕西的李自成大顺军；四川有张献忠领导的大西军；而黄河以南及江南、湖广、西南，仍为南明所有。南明相继建立的弘光、隆武、永历三个政权，其存续时间与顺治朝相始终。清廷为完成国家统一，其军事决策、政治谋略、用人之要，事事繁难。又因顺治帝年幼，睿王多尔衮摄政专权，继统之争，余波未息。更因以剃发易服定顺逆，首崇满洲，清廷实施了多项弊政，诸如圈地、逃人法等等。本书对如此纷乱的顺治一朝历史，不用章节体，而列子目五十，始于《顺治皇帝的家世》，终于《顺治皇帝的学养》，一事一题，依时叙事。每一子目文字不长，但首尾完整，读者既可获知某一历史事件的原委，而连缀五十子目，则是顺治朝之史迹与顺治帝其人，一目了然。

作者叙述纷繁的历史事件，以化繁为简见长，有如举重若轻。如《皇位继承纷争》一题，述太宗皇太极暴卒，无立嗣君之遗命，于是诸王争立，而最具力量问鼎皇位者，一为睿王多尔衮，一为太宗长子肃王豪格。各自的拥立者活动频繁，事态严峻，形势紧张。书中举出有关议立嗣君的满洲高层贵族会议的两条关键史料，对其记载不明而产生的疑点，从八个方面，逐一剖析，层层深入，于是豪格"性柔"退出会议之隐情，多尔衮不敢强自为君之顾虑，太宗五宫后妃中唯有庄妃生有一子福临，因之得以继承皇位，而庄妃对多尔衮也施加了多方面的压力。作者指出，多尔衮让福临为君，避免八旗力量的大分裂，清朝才有后来入关统治全中国。一场关系如此重大的皇位继承纷争，作者以其简练的叙述，便清晰地呈现在读者面前。

顺治帝在位十八年，前七年由睿王多尔衮"代天摄政"。多尔衮死，顺治帝亲政，十八年正月"病患痘"，去世，年仅二十四岁，其执政实际上只有十年多一点的时间。本书分列多个子目，叙述顺治帝之用人行政、崇佛而不佞佛、钟情董鄂妃、妻妾子女以及学业素养等等。这样，《顺治写真》将少年天子有如常人之七情六欲、品格爱好，如实再现。皇帝也是血肉之躯的人。

本书前言《顺治朝的清史值得研究吗？》，着重说明研究顺治帝的意义。结语《我评顺治》则是全书点睛之笔。作者针对一般人都对顺治帝的"看法不佳，评价不好"，阐释己见。指出"福临在亲政之初，实在做了一番杰出的表现"，例如他采取改剿为抚或剿抚兼施的手法，扭转全国战局；实行垦荒与减免赋税的政策，改善国计民生；整肃吏治，严惩贪官；任用汉官，巩固统治。入关后诸多弊政，"的确是祸国殃民，福临难辞其咎"，然而，其功大于过。福临又是一个感情丰富的人，也是富有责任感的人，为清朝作出了不少贡献，康乾盛世，清朝享国二百六十八年，都与其奠基工作有关。陈捷先教授给予了顺治帝正确的评价与历史定位，我同意他的看法！

【推荐人简介】王思治，1928年生，研究生班毕业，主要研究中国古代史、清史。原任中国人民大学校学术委员会副主任、清史研究所学术委员会主任，现任中国人民大学清史研究所教授、博士生导师（历史学），满学研究会副会长。1987年赴美国哈佛大学、哥伦比亚大学、夏威夷大学访问及讲学。著有《清史论稿》、《清朝通史·康熙朝卷》、《两汉社会性质问题及其他》、《承德避暑山庄》（合著）等书，并主编过《清代人物传稿》（上编），发表中国史学论文约百篇。

前言
顺治朝的清史值得研究吗？

一般人以为清朝建立于满族入关、定鼎中原的顺治元年（公元1644年），这是错误的，因为在顺治皇帝还没有出生、清兵还没有入关时，顺治皇帝的父亲清太宗皇太极就在盛京沈阳建立了大清皇朝，时间是明思宗崇祯九年（公元1636年），清朝采用的第一个年号叫崇德。

在崇德之前，皇太极的父亲努尔哈齐还建立过一个名为后金的汗国，后人说后金汗国用的年号是天命。天命朝历时十一年（明神宗万历四十四年至熹宗天启六年，即公元1616~1626年），因努尔哈齐病死而由皇太极继任大汗，改年号为天聪，天聪十年（公元1636年）因建立更大皇朝乃改国号为清，改年号为崇德。这是关心清史的人最起码的常识，不能不知。

有人以为满族在关外奋斗建国的历史不重要，可以不放在清史研究中，这也是错误的，因为，如果我们不了解关外的发展情形，清朝很多制度、很多史实根本就无法深入探究。以入关后的第一个皇帝的顺治时代为例，我们就可以举出很多实证。例如掌管宫禁事务的机关内务府，在顺治皇帝入关定都北京后就设立了，当时因为在关外为帝王服务的单位一时不能变革，加上明朝太监乱国，清朝就以内务府取代了明朝太监的十三衙门。《清会典》里说内务府"掌上三旗包衣之政令与宫禁之治"，这里的"包衣"是满洲语，原作booi，boo是"家"的意思，i是虚字"的"，合起来是"家的"，有"家奴"、"家丁"等意，原是旗籍的名称。清人在入关之前，凡有所获的部落俘虏，都编为"包衣"，分属八旗，后来皇帝自将三旗，即镶黄、正黄、正白，称为"上三旗"；入关后，上三旗的包衣属内务府，其他"下五旗"的包衣分别隶属各王府。由此可知：不了解关外制度，像内务府这样机构的成立背景就无由得知。又如内三院（内国史院、内秘书院、内弘文院，或简称为内院）与内阁、翰林院的关系以及在顺治、康熙两朝的演变与运作情形，如果我们不清楚天命至崇德年间的始设、扩展以及入关后的满汉文化冲突等事实，同样我们也不能看出这些中央机构的实况异同。其他如清朝入关后的圈地政策，在华北各地把若干荒田与民人土地辟为庄田、牧场，以安置东来旗人，或作酬庸之用，也是与关外计口授田等事有关。清初另一弊政是剃（薙）发，大为损害了汉人的自尊心，也严重破坏了汉人的传统习俗，因而引起大规模的反清反满抗争。其实这一政令，满洲人在关外即已严格执行，天命三年（公元1618年）以后，对于降附的汉人一律命令剃发，以分别顺逆，作臣服与否的标志。总之，以上数事仅是清初大事的一小部分，但是已足以说明关外清史的重要性了。

还有人对顺治一朝历史的看法，认为乏善可陈，最多也只有太后下嫁、董小宛入宫、皇帝出家逃禅等事，比较引人兴趣，这一点更是大错特错。孝庄后有没有下嫁多尔衮、顺治皇帝是不是真不爱江山当了和尚，这些事争议还很多，甚至可以说是于史不符的事件。实际上，顺治一朝确有不少内治上的贡献是值得一述的。像平定南中国反清势力，巩固了清朝统治政权；惩贪除霸，安定了社会人心；减税免捐，减轻了人民的经济负担；推行汉化政策，使满洲融入汉人传统世界，也缓和了民族间的对立；击败来侵俄军，保卫了边疆领土的完整。顺治皇帝自身也不是一位傀儡君主，他在抑制旗权、伸张皇权上也有很好的表现。他在婚姻与事业方面，也树立过自主的权威。他的学养也不输一般帝王，精通儒释两家，对西洋宗教也有一定的认识。他的书法画艺也有称道之处，比起中国史上很多皇帝，绝无逊色，只是天不假年，生不逢辰，不能多所发挥而已。顺治朝的历史是值得研究的，也是应该去研究的。

顺治一朝只历时十八年，实际上福临（顺治皇帝本名）在十八年正月初七日就死去了，应该仅有十七年，而其中头七年由多尔衮摄政，皇帝真正理政的时间十年多。本书虽以顺治皇帝一生事功生活为主要叙述对象，但也兼谈顺治一朝大事，否则"写真"就不能是全面的了。

我这本小书也就是在以上一些想法与看法下着手撰写的，希望读者能重视顺治朝的历史，对当时的史事与对顺治皇帝的观点能作些正面的修正。我要感谢内子侯友兰与好友韦庆远、冯尔康、王思治、阎崇年、仓修良、成崇德、郭成康、庄吉发、刘耿生、刘景辉、叶达雄诸位教授的鼓励，也要感谢游奇惠、陈穗铮、傅郁萍三位小姐及陈龙贵老弟在出版事务上的帮忙，否则这本书是不能如此快速问世的。

2006年元月

一
顺治皇帝的家世

　　顺治皇帝姓爱新觉罗，名福临，他当了皇帝以后，按照中国汉人习俗，改用了新年号叫"顺治"，后人以年号为名，俗称他为顺治皇帝。他的家世算得上显赫而又高贵。且不说他家始祖有天女所生的一说，那是不可信的神话，我们就姑妄听之吧！事实上，他的祖父却真的是不折不扣的民族英雄，大清皇朝的奠基者，名字叫努尔哈齐。

　　努尔哈齐生于16世纪中叶的一个建州女真家族中，当时明朝已走上衰亡之途，中国东北地区女真部落林立，互相斗争，纷乱不堪，就连建州女真中也四分五裂，各求发展，社会很不安定。努尔哈齐生长在这样的环境中，经历了苦难的磨练与勤奋的学习，使他养成了坚忍不拔的精神与应付混乱世局的能力。

　　明神宗万历十一年（公元1583年），他的家庭中发生了剧变，他的父亲塔克世与祖父觉昌安二人，突然死于古勒山城战役的兵火，父祖二人可能是因为帮明朝做向导而罹难，事后辽东总兵官李成梁令士兵寻获二人尸体，归还了努尔哈齐，并赐给努尔哈齐敕书、马匹，授他职官，以示补偿之意，当年努尔哈齐二十五岁。

一

顺治皇帝的家世

1

努尔哈齐取得这些政治资本之后，先以讨伐不共戴天的杀父仇人为名，到处攻打邻近的部落，大清帝国的龙兴事业从此开启了。努尔哈齐起兵时，凭借实在不多，但是他的拼斗精神令人折服，尤其正确地运用了"顺者德服、逆者兵临"的政策成功，所以在四年多的时间中，他就完成了统一建州女真的事业。

其后近三十年中，他以各种不同手段对付蒙古、朝鲜与明朝。蒙古人与他们在生活习俗上有相似处，所以用盟誓、通婚为主，消灭敌对势力，必要时再以兵戎相见，因而取得相当好的成果。对朝鲜则力求安定与和平，使自己女真的实力不到国外去消耗。对明朝先是竭尽恭顺之能事，以求得明廷的信任，等到自己势力壮大后则改变态度，兴兵征明了。他掌握了时局的变化，正确估量自己的实力，务实地拟定策略、审慎地采取行动，因而他行事成功的机会多，失败的较少。

努尔哈齐还创建了八旗制度，把分散女真的社会、军事、行政、生产都统制了起来，成为一个有生气的社会整体，因而形成了满族共同体，也使女真各部落的发展得到了不少改进。努尔哈齐又发明了满洲文，不但记录了早年满洲艰苦奋斗的史实，同时促进了满汉文化间的交流，尤其对于满洲人自尊心的提高有着极大的裨益。万历四十四年（公元1616年），努尔哈齐在国家规模的条件具备下，建立了后金汗国，也为日后的大清帝国奠定了坚实的基础。

后金天命十一年（明天启六年，公元1626年），努尔哈齐病逝，继承他当后金大汗的就是顺治皇帝的生父皇太极。皇太极是努尔哈齐第八子，生于明万历二十年（公元1592年），在继任大汗前就经常随父出征，参加过征乌喇等战役，尤其在萨尔浒山大战中立过奇功，使他的实力与地位不断升高。皇太极出任后金汗时用的是天聪年号，天聪十年（公元1636年），他改后金国号为大清，也改了天聪年号为崇德，他在两个年号下当了十七年的国家首领，这期间他锐意改革、励精图治，使得国家力量大增，战败了蒙古，降服了朝鲜，并几度进侵明朝内地华北地区，取得与明朝分庭抗礼、竞争天下的局面。他是一位极有智慧的统治者，能审时度势，掌握有利时机，处理国家文武事务。特别是他能正确看待汉人文化，与他父亲大不相同地以宽大心怀接纳汉人，这可能是他成功的关键所在。

皇太极在位期间，就是以专制主义的皇权统治来取代父家长制的汗权统治。他在汉人大臣与汉人制度的帮助下，向官僚政治体制的目标迈进了一大步，这对日后清朝入关建立全国统治的政权也是有助力的。

总之，皇太极不但把八家分权的后金汗国改变成了中央集权式的大清皇朝，同时在政治、军事、经济、文化各方面也有了长足的发展与进步。他为了伸张皇权，在宫闱制度上也作了新的建设。崇德元年（公元1636年），他下令"五宫并建，位号既明，等威渐辨"。顺治皇帝的生母被封为西宫永福宫侧福晋庄妃，位居五宫之末；不过在皇太极病逝之时，庄妃是五宫中惟一生有皇子的福晋，因此庄妃母子的地位不同了。后来在皇位继承的争端中，皇太极虽有年长儿子如豪格等人，既有功勋爵位，又有军事经济实力，但他们的母亲不是五宫后妃，因此他们无缘继承。福临占有这一优势，又在生母庄妃的灵巧运作下，成功地当上了皇帝。

顺治皇帝真的人如其名，他幸福地降临在一个帝王之家，六岁的时候在一场原本惨烈的继统之争中，没有把握的他却幸运地登上了皇位。

二

顺治皇帝的生父生母

　　顺治皇帝在清朝众多的皇帝中，不算是杰出的皇帝；不过，所有的清朝皇帝都没有一个比得上他有一位杰出的生父与杰出的生母。

　　顺治的生父已如前述是建立大清皇朝的皇太极，我个人以为：皇太极在中国史上成就之高、作用之大、地位之重要，比起秦皇、汉武等名君来，他是绝不逊色的。在政治方面，他除了打压旗权，把原有八家八旗自主的势力，纳入了正规的政治体制之内以外，他又仿照明朝的制度建立了六部、都察院等中央政府机关，一则利用满蒙汉三大民族中的优秀分子来参与政权，让胜利成果由大家分享。再则也藉以作政体上的改革，加强专制君权。在民族方面，努尔哈齐晚年满汉民族之间的冲突严重，造成政局与社会上的不安。他继任大汗之后，几天之内，先降谕给逃亡的以及所谓"私通明国"的汉人赦免，宣称既往不究，不再滥杀无辜，这给当时归降与被俘的汉人无异是一份安全保证。他又下令改善汉人地位，提倡"满汉一体"，将汉人"编户为民"，不受差别待遇。不久再举行考试，选出适用的汉人，为政府与人民服务。不少汉人由农奴变为自由民，这些变革迅速又适时，因而收拾了很多人心，为他效力。这些政治与民族方面的措施，对国家实力的增强与前进发展都有所助益。皇太极成功的务实政策，还可以在军事上证实。他发现满洲旗兵长于野战，但不适合攻打坚城，特别是有火炮装备的坚城，于是他就改变策略，一面努力仿照西洋枪炮，发展热兵器；一面改攻城为围城，不做穷兵黩武的无谓牺牲。皇太极很知道当时的富民之道首在农桑，所以他对土地利用与增加生产，极为重视。改变汉人农奴为自由民已经对后金的生产力有了提升的作用，他又以祖先传统的掠夺手段来增加财富，多次入关到明朝内地华北地区。这固然有军事目的，扰乱明朝地方秩序；但是在大量的金银财宝、人口牲畜以及缎匹成衣的取得上，对国家财经实力的增加，当然是有极大的裨益。皇太极在文化上的表现，更属不寻常。虽然他强调满洲的骑射、语言、部分服饰是国家的根本，固有的萨满教信仰也照样奉行。不过在国家的官制、爵位、礼仪以及住屋、饮食、时令习俗等方面，都明显地有了华化或汉化的迹象，尤其兴办学校、举行科举、翻译汉文书籍等事，更足以说明他开始把政治组织、人民生活与大清发展，纳入了中国传统文化系统之中。同时他又在汉文化影响下，革除不少满洲陋习，如杂婚、乱婚、殉葬一类的事都下令禁止。他也不排除佛教、道教与喇嘛教，真正做到了宗教信仰自由。这些政策对缓和民族冲突是至关重要的。

尽管皇太极尊重族群，让大家分享胜利成果。他也尊重别人的既得利益，不会随意地去加以侵害。他对别族传统文化更无排斥之心，甚至加以提倡。不过，他的"取借"外来文化政策也不盲从，更不是全盘地仿照外人，他是有选择性的，有益的才实行，无益的则不学。

由于皇太极在执政期间，重视人才、体恤百姓、接受谏言、办事勤劳务实，所以在十七年的享国统治中，他强化了清朝的军事实力，发展了社会经济，缓和了民族冲突，成就与贡献实在很多。

顺治皇帝的生母，更是一位了不起的女性。她姓博尔济吉特，名叫布木布泰，生于明万历四十一年（公元1613年），死于康熙二十六年（公元1668年），享年七十五岁。她是蒙古科尔沁贝勒寨桑的女儿，天命十年

（公元1625年）嫁给满洲努尔哈齐的第八子皇太极为妻，时年十三岁。第二年，她的丈夫皇太极就继承后金汗国的汗位，她先后为皇太极生下三女一男，最小儿子叫福临，也就是本书要谈的主人翁顺治皇帝。

布木布泰在皇太极改国号为大清，改年号为崇德后，被尊为五宫的后妃之一，她位居最后，称为西宫永福宫庄妃。顺治皇帝登基后，尊生母为皇太后，康熙皇帝是她的孙子，因此到康熙时代，她被尊为太皇太后，她死后谥号"孝庄"，所以史书中称她为"孝庄文皇后"。

皇太极"五宫并建"时，五宫后妃全是蒙古人，其中皇后博尔济吉特氏哲哲、东宫大福晋海兰珠与西宫侧福晋布木布泰三人都来自蒙古科尔沁部，而且具有至亲关系，哲哲是海兰珠与布木布泰的姑母，海兰珠是布木布泰的亲姊姊，姊妹二人的年龄相差四岁。五宫并建显示皇太极受了汉人影响，在妻室中分出嫡庶等的等级区别；布木布泰虽位居五宫之末，但她的能力并不低于其他后妃。而且她又是一位"嗜好古学"的人，她的见识一定不浅，对事物分析能力也不会太差。在大清皇朝成立后不久，政府为"辨等威，明贵贱"，制定冠服制度，布木布泰与她的侍女苏麻喇姑都参与了衣冠式样的制作工作，这件事可视为庄妃不但具有这方面的天才，同时也透现出皇太极对她的信任与重用。

皇太极于崇德八年（公元1643年）突然病逝，由于事先未留遗言，继承人选乃发生争执，皇太极的弟弟多尔衮与长子豪格都有意登大位，斗争激烈，布木布泰便联合了皇后与其他大妃，并外结皇家专掌的两黄旗兵力，打败了豪格，与多尔衮妥协，而让福临为君，迅速地解除了继统的危机。她的应变能力之强，由此可见一斑。康熙皇帝后来称赞他的祖母（布木布泰）说："佐太宗文皇帝（指皇太极），肇造丕基；启世祖章皇帝（指福临），式廓大业。"实在是于史有据的公论。

清朝入关后，布木布泰在辅佐顺治皇帝登基理政、推举康熙皇帝继承大统以及对抗多尔衮与鳌拜等四大辅政大臣的旗权反动运动等工作上，也做出过极大极多的贡献，这些将待以后各节再论。

三
福临清宫

顺治皇帝爱新觉罗·福临，生于清崇德三年正月三十日（公元1638年3月15日）戌时，他是皇太极的第九子。据清代官书《清实录》的记述，这位皇帝出生前后有很多异象，像是：

> 孝庄文皇后方娠时，有红光绕身，衣裾间如有龙盘旋状，女侍皆惊以为火，近视之，不见，如是者屡，众皆大异。诞之前夕，孝庄文皇后梦一神人抱一子授之，曰：此统一天下之主也。……次日，上诞生，视之，顶中发一缕耸然高起，与别发迥异。是日，红光照耀宫闱，经久不散，香气弥漫数日。

这些描述是专制时代帝王出生时常见的形容场景，不能尽信。不过，顺治皇帝出生时的大环境是值得我们深入了解一下的。皇太极一生娶的妻妾至少有十五人，其中蒙古籍至少七人，满洲籍至少五人，不知氏族的二人。蒙古籍的妻妾到改国号为大清时没有一个为皇太极生过男孩，满洲籍倒有乌喇纳喇氏生过豪格、洛格；钮祜禄氏生过格博会；叶赫纳喇氏生有硕塞；纳喇氏生有高塞；伊尔根觉罗氏生有常舒；颜扎氏生有叶布舒；另一庶妃生有韬塞；共八人，其中洛格、格博会早夭，到皇太极登上后金汗位时共子三人，叶布舒、硕塞尚不过十岁，豪格则年十九，且有了军功产业。不过，到崇德改元、五宫并建时，显然满族福晋们地位降低，她们所生的儿子，特别像豪格这样年长的儿子更是吃了亏，变成了庶子身份，对皇位继承的影响很大。

崇德改元建宫以后，第一个为皇太极生子的东宫大福晋宸妃海兰珠，她是庄妃布木布泰的亲姊姊，比庄妃晚九年嫁给皇太极，当时已二十六岁，在满蒙社会十二三岁女子就出嫁的当时，海兰珠算是高年新娘了。不过这位宸妃以知书文静出名，颇得皇太极钟爱，给她的宫名叫"关雎宫"，取自《诗经》中"关关雎鸠"名句，充分表明皇太极对她的真情至爱。她在宫中地位仅次于姑母中宫皇后，可以说是列为诸妃之首。崇德二年（公元1637年）七月初八日，宸妃为皇太极产下一男，这是五宫后妃中第一次传出诞生皇子的喜讯，加上皇太极对宸妃的喜爱，第二天他就做了一个与太祖努尔哈齐、礼亲王代善等人同处一室，而看到"祥云绚烂，稠迭三层"的"非常之贵征"的梦。快乐之余，皇太极在同月十六日颁诏大赦。诏书中有："自古以来，人君有诞子之庆，必颁大赦于国中，此古帝王之隆规。今蒙天眷，关雎宫宸妃，诞育皇嗣，朕稽典礼，欲使遐迩内外政教所及之地，咸被恩泽。"从诏书中我们可以看出，皇太极已称这位新生儿为"皇嗣"了，显然有立他为继承人的心意。那二年来沈阳的朝鲜使臣回国后也说："闻长子不肖，故以上年所生子有立嗣之意云。"文中"长子"指豪格，"上年生子"即关雎宫宸妃所生的男婴。不但如此，宸妃的娘家也发动了蒙古诸部如巴林、札鲁特、四子部、奈曼等首长，或亲自来盛京沈阳，或派专使为皇太极"诞生皇子"行庆贺礼、进献礼物，一时清宫中热闹非凡。可惜事不如愿，这位新生皇子竟在次年正月间夭折，连个名字都还没有取好便离开人世了。这件事令皇太极与宸妃在精神上都受到严重打击，朝廷里的礼乐事也不举行了，不少亲贵与官员因私自作乐而受到惩罚，可见皇太极把丧子事看得多严重。宸妃因悲伤过度而得病，终于在崇德六年（公元1641年）弃世，得年三十三岁，也是红颜薄命人了。

宸妃海兰珠的妹妹布木布泰，在五宫中原本无名，但是在宸妃之子死后的第三天，却为皇太极生下了一男，这是五宫后妃中所生的第二位皇子，而且是在第一位皇子刚去世时诞生的，显然有特别的意义。布木布泰在天聪三年、六年、七年（公元1629、1632、1633年），分别为皇太极生了三位名为雍穆、淑慧、端献的女儿，现在一举得男，而且又在宸妃生的小皇兄夭折之后来到清宫，当然受到相当的欢迎。从他的名字叫"福临"就可以知道他父亲皇太极对他的期望如何了。这位小皇子还真是有福气，后来竟真的成了大清皇位的继承人，清朝入关的第一代君主顺治皇帝。

四

皇位继承纷争

　　崇德八年（公元1643年）八月初九日夜晚，在忙碌了一天之后，皇太极在沈阳清宁宫的御榻上突然"暴逝"。第二天，诸王贝勒将他的梓宫暂时安放在崇政殿内，下令全国举哀三天，全体官员素装服孝，以表哀痛。朝中同时规定，初十日一天，王公大臣都要斋戒，此后七天之内，诸王率八旗长官每日黎明哭临一次，十三天之内全国禁止屠宰。

　　皇太极死后，由他六岁的儿子福临继承大位，其原因清代官书《清实录》中有此一说：

　　　　（福临）嗜观书史，……不由师授，解悟旁通，博于经籍，
　　以是太宗皇帝（指皇太极）甚钟爱而属意焉。

　　这一说法我个人以为是日后清朝史官的溢美之词，不能尽信。另外《清朝野史大观》一书中，提到福临能继承大位是别有原因的，该书《萧墙祸》一节中说：

太宗崩，子世祖福临幼冲，于是武英郡王阿济格、豫王多铎，建议国基未固，须立长君，以多尔衮嗣位。太宗皇后博尔济吉特氏侦知，胁多尔衮入宫，立其子，以居摄饵之，遂定。……

上文所述，有部分是实情，但多为附会之谈，也不足凭信。现在我们就可靠史料，来看看当时的实情吧。

在努尔哈齐晚年，大汗继承问题就有明争暗斗的现象。后来制订了八家共推的办法，即八旗亲贵共同推举一位领导人，这位领导人如果在上台后倒行逆施、不听诤谏，大家仍可以罢免他，另举新人。不过当努尔哈齐死后，显然并没有公正地执行这一办法，皇太极多少是靠自己的实力与诸兄弟妥协后上台的。而皇太极在统治期间，并没有"敬兄长、爱子弟"，相反地，一个一个地把有权势的领旗贝勒打倒了。阿敏以对汗不敬与想要自立等罪名被幽禁死去。莽古尔泰则因欲图谋逆而被追罪没籍，终致"暴死"。就连为人谦让的长兄大贝勒代善，最后也遭到斥责处治，"四王共治"的局面变成了皇太极一人"南面独坐"，中央集权的专制政体逐渐地代替了八旗制度。加上后来又实行汉制，仿照设立明朝的中央政府机关，皇太极已经大权独揽了。在汗位继承方面他已想采用汉人立嫡立长的古制，他在国家正式的诏书中称宸妃之子为"皇嗣"就是一个明证。宸妃之子不幸早夭，皇太极忙于与明军在山海关的大战，更没有想到他会那么早死，所以他一直没有提出皇位继承制度，也没有指明他的接班人，因此，在他死后，皇位继承立即起纷争。

当时有资格继承皇位的只有三人：

一是代善。他是努尔哈齐的嫡子，皇太极的长兄，在努尔哈齐病死时就传说他当摄政来辅佐多尔衮之事，又有他"让国"给皇太极的记述。不过到皇太极逝世时，他的两红旗实力已遭到皇太极的削弱，他有权势的儿子岳托、萨哈廉等人又相继死亡，自己也年过花甲，暮气沉沉，因此他虽是辈分长、地位高，但在很多情势上已不如别人了。

二是多尔衮。他是努尔哈齐得宠的幼子，也有传说当时努尔哈齐要传位给他。他在兄长皇太极治国期间，表现得极好，可谓功勋卓著，对处理军国大事，能力也强。在皇太极病死时，他的兄弟阿济格与多铎也都拥有重兵，两白旗是他的基本后盾，其他黄、红、蓝旗中也有他的支持者。他自己又有当皇帝的野心，因此他是当时争继人物中最值得注意的一位。

　　三是豪格。他是皇太极的长子，很有战功，天聪六年（公元1632年）时就晋升为和硕贝勒的高贵身份。崇德元年（公元1636年）晋封为肃亲王，掌管户部，地位不亚于他的伯叔。他是从两黄旗出身的，后来又成为正蓝旗领旗主宰，这几旗支持他的人很多，因此他的声势浩大，是继承机会最大的一位。

　　继承皇位是特等大事，当然在皇太极死后不久，大家就开始积极活动了。先是两黄旗大臣们集会于豪格之家，表示要支持豪格为君。这些黄旗的大臣如此表态，是希望皇帝仍由黄旗的人担任，自己的既得利益与名位都能保持。同样地，白旗的大臣也筹划拥立多尔衮、阿济格、多铎等人，甚至还"跪劝睿王（指多尔衮），当即大位"，并且确也有一些其他旗的人愿意他接下皇帝的大位。

　　皇太极死后五日，多尔衮先采取了行动，他在三官庙中召见黄旗中极有分量的大臣索尼，向他征询对皇位继承人的想法。索尼直接地回答说："先帝有皇子在，必立其一，他非所知也。"他的态度很明确：不支持多尔衮。皇太极的儿子共有十一人，不过在他生前已有三人早夭，剩下的八人当中，只有豪格有实力、有地位，而且年纪已达三十五岁。其他如福临才六岁，最小的么儿博穆博果尔三岁，索尼所谓的立皇子当然是指豪格，因为皇太极的另外一位心腹将领也向索尼表示"长子豪格当立"。

　　多尔衮私下争取两黄旗代表人物索尼的支持失败，继承事只好交由诸王贵族集会解决。八月十四日清晨，两黄旗的将领在开会前先发制人，发动精锐军队，全副武装，张弓挟矢，把集会的崇政殿"环立"了起来。后来八旗亲贵与大臣们先后到达会场，会议一开始，索尼与鳌拜就抢先发言，提出"立皇子"的意见。多尔衮见情势不利于己，立即以八和硕贝勒共议国政，外臣不与闻为由，大声地命令索尼等人退下。至于后来继续开会的内容，有以下两种记述：一是《清史稿·索尼传》的说法：

> ……英亲王阿济格、豫亲王多铎劝睿亲王（指多尔衮）即帝位，睿亲王犹豫未允。豫亲王曰："若不允，当立我，我名在太祖遗诏。"睿亲王曰："肃亲王亦有名，不独王也。"豫亲王又曰："不立我，论长当立礼亲王（指代善）。"礼亲王曰："睿亲王若允，我国之福。否则当立皇子。我老矣，能胜此耶？"乃定议奉世祖（指福临）即位。……

另一记述此事的是当时当人质留住沈阳的朝鲜人，他们在《沈馆录》中记道：

> 十四日，诸王皆会于大衙门。大王（指代善）发言曰："虎口（指豪格）帝之长子，当承大统云。"则虎口曰："福小德薄，非所堪当。"固辞退去。定策之议，未及归一。帝之手下将领之辈，佩剑而前曰："吾属食于帝，衣于帝，养育之恩，与天同大，若不立帝之子，则宁死从帝于地下而已。"大王曰："吾以帝兄，常时朝政，老不预知，何可参于此议乎？"即起去，八王（指阿济格）亦随而去，十王（指多铎）默无一言。九王（指多尔衮）应之曰："汝等之言是矣。虎口王既让退出，无继统之意，当立帝之第三（应作'九'，下同）子，而年岁幼稚，八高山（指八旗）军兵，吾与右真王（指济尔哈朗）分掌其半，左右辅政，年长之后，当即归政。"誓天而罢去。所谓第三子，年今

四

皇位继承纷争

六岁。……

根据以上两种说法，我个人有一些想法：

第一，多尔衮与豪格都是想继承大统的人，怎么都表现谦让不争而收场？尤其是豪格在两黄旗大军支持下，红、蓝旗也未必不拥立他的情形下，就如此"性柔"地退场，实在出人意外，也一定是另有隐情的。

第二，豪格、代善、阿济格等人都提前离开，可能是怕火拼事件发生，自己会先遭杀害。不然总会在会场上有些唇枪舌战的。

第三，事实上我们应该深一层看当时的情势，多尔衮看出两黄旗矢死效忠皇太极家族，代善又说了模棱两可的话，蓝旗中也未见出面大力支持，而殿外大军环立，他若坚持继承，必然会发生血战，豪格可能胜算提高。

第四，皇太极统治期间，不断加深汉化，传嫡传长、父死子继的观念已经被多数人接受，兄终弟及已是不合时宜了。

第五，庄妃布木布泰是孝端皇后的侄女，另外麟趾宫、衍庆宫的两位大妃也是来自蒙古，这些后妃在这场继统之争中必然会产生重大作用，庄妃的儿子当上皇帝当然是她们乐见的事，而满蒙联盟关系重要，满清要想南下征明，蒙古的支援是不能少的。

第六，豪格的母亲不是五宫后妃之一，按满洲旧俗是不能继承大位的；而当时豪格又身为正蓝旗领旗贝勒，毕竟与两黄旗不同。两黄旗的将领拥立"先帝之子"当然也未必非指豪格不可。

第七，多尔衮想出让福临为君，自己与济尔哈朗共同辅政，应该不是当场的灵感，可能是事先设计好的，这与野史里所说的"胁"、"饵之"也许有些关系，而且多尔衮的妻子又是庄妃的妹妹，正好说明庄妃可以对多尔衮施加多方面的压力。

第八，多尔衮在处理福临继承大位的事件上相当成功，也提供给后人一个有价值的启示：有实力参加斗争的人，如果不顾全大局，不舍弃一己的某些利益以弥合纷争，凝聚力量，问题会变得更严重。多尔衮在当时若以武力夺得皇位，能否成功，还在未定之天，而清朝八旗力量大分裂是必然的，蒙古支持满洲的力量也会因之减少，且不说后来入关统治中国，就是在关外的存在可能都会发生问题。

五
争继余波

　　崇政殿宗亲大会虽已决定了福临出任国君；但是多尔衮与豪格两人都有不甘心之感，因而又产生争继后的一些骨肉相残惨事。

　　依照满洲习俗，当新君即位时，诸王贝勒大臣都需对天发誓，表明效忠领袖。福临被推举为皇位继承人，当然也不能例外，代善等亲王贝勒先共立誓书说：

　　　　嗣后有不遵先帝定制，弗殚忠诚，藐视皇上幼冲，明知欺君怀奸之人，互徇情面，不行举发，及修旧怨，倾害无辜，兄弟谗构，私结党羽者，天地谴之，令短折而死。

　　接着大臣阿山、叶臣、英俄尔岱等也对天发誓说：

　　　　我等如谓皇上幼冲，不靖共竭力，如效力先帝时，而诌事本主，豫谋悖乱，雠陷无辜，见贤而蔽抑，见恶而徇隐，私结党羽，构启谗言，有一于此，天地谴之，即加显戮。

此外，诸王贝勒大臣为服从多尔衮与济尔哈朗担任摄政王也对天发誓，说些"如不折服者，天地谴之，令短折而死"的话。同样地，多尔衮与济尔哈朗也向大家表示他们会秉公辅政，决不"妄自尊大，漠视兄弟"，否则会"短折而死"。他们都对天发了重誓，理应相安无事，平安收场。可是没有想到就在发誓后第三天，即八月十六日，代善的儿子硕托与孙子阿达礼叔侄二人，到处奔走，为多尔衮游说，希望大家支持多尔衮当皇帝。他们肯定地告诉多尔衮："王正大位，我当从王。"当然他们也向大家长代善表明心意。硕托等为何如此从事这项活动呢？一方面是因为多尔衮没有反对，另一方面是他们在皇太极时代都受到不好的待遇，特别是硕托几次被降爵、削爵，心怀愤恨，因而反对皇太极家族再掌政权。代善对儿孙说得很清楚："既立誓告天，何出此言？更勿生他意！"可是硕托等执意"策反"，结果代善只好大义灭亲，将硕托等人的事正式向大众宣布，多尔衮见大势已去，只好宣称对此事"吾亦闻矣"，于是立即将硕托、阿达里叔侄二人逮捕，认为他们扰乱国政，犯了叛逆大罪，"即缢杀之"，其他有关人等，多尔衮故意表示宽大，都免罪不法办。这是福临尚未登基前的一次血腥争继余波。

　　硕托的"策反"事件以后，大家以为局势得到安定，新皇帝可以顺利地治国登基了；可是就在举行即位大典的前三天，即八月二十三日，又发生黄旗将领谭泰的"阴谋不轨"乱国事件。谭泰是正黄旗满洲人，皇太极时代曾在攻明朝、打朝鲜、征蒙古的多次战役中表现杰出，有十三战皆捷的优良记录，是两黄旗的模范将领。硕托事件发生后，他突然被人告发有叛逆阴谋，而告发人却是多尔衮的同父异母兄弟巴布海。巴布海是努尔哈齐的第十一子，是宗室贵族，他以高贵身份告发一个八旗将领是不太合常情的。而多尔衮对这事件的处理更是不合常情，他竟将兄长巴布海等人处死，而保全了谭泰。巴布海在皇太极死前一年因批评朝政被革爵，他的不满情绪可以想象。这次他投书多尔衮揭发谭泰，可能与硕托等合谋有关，并非坏事，多尔衮却不顾众人反对执意将巴布海处死，显然是别有用心。他一口咬定巴布海"诬陷"谭泰，大概是硕托事件中谭泰被说服而倒向支持多尔衮，谭泰如果被证实站在硕托一边想"策反"两黄旗，多尔衮自身也将受牵连，两黄旗人除追究谭泰外，也必然要追查"策反"事件与多尔衮的关系，多尔衮在誓词中所称的"弗殚忠诚，……私结党羽者，天地谴之，令短折而死"一番话也会受到严重考验。事实上，多尔衮杀了巴布海之后，对谭泰加以重用，与谭泰结成死党，日后谭泰也被多尔衮利用来攻讦希福、索尼等黄旗元老重臣。到多尔衮死后被清算时，谭泰也以专横等罪被处死，并没收家产。从这些满洲贵族权臣间的恩怨往事看来，似乎也可以了解争继的影响之深之大。

争继的事并没有因硕托、巴布泰等宗室人等被杀而告终，在顺治皇帝登基后又不断地有余波荡漾。首先反映在政坛上的是"西瓜偎大边"现象，正如豪格所说的：索尼、图赖等黄旗大臣将领，"向皆附我，今伊等乃率二旗附和硕睿王"，大家都转向结好于多尔衮了。豪格在宗亲大会决定皇位继承人时说自己"福小德薄，非所堪当"，放弃了争取的机会，事后懊恼万分。现在眼看黄旗元老重臣纷纷倒向多尔衮，更是气愤不堪，甚至公开地痛骂多尔衮，并诅咒他是"非有福之人，乃有疾之人，其寿几何而能终其事乎"？不过，值得豪格安慰的是多尔衮的胞弟多铎一度与他相好起来，并对他真诚地表示"今愿出力效死于前"。豪格当然还有一些死忠派的支持者，像俄莫克图、杨善、伊成格、罗硕等人，他们一直谋划拥立豪格为皇帝，到福临登基后的七个月，才被人告发，多尔衮毫不留情地以叛逆罪处理，将豪格派的重要人物都列为"附王（指豪格）为乱"的罪名，全部处死。豪格也被处以极刑，幸亏小皇帝向多尔衮泣涕求情，才免一死，不过豪格还是被罚了白银五千两，并夺去七个牛录的人员，使豪格的实力大减、元气大伤。

政治斗争是非常残酷的，多尔衮对他的头号政敌豪格是不会轻易罢休的，他们之间的拼斗史实，容待本书稍后再谈吧。

　　在皇太极死后的半个月间，清廷确实经历了困难而又危险的时刻，先是诸王继统之争，后又发生血腥的家族相残事件，所幸都没有动摇国本地过去了。崇德八年八月二十五日（公元1643年10月7日），为了举办新君登基大典，政府执事大臣依照汉人礼仪举行了祭天祭祖的典礼。参与的文武各官先斋戒三天，以示虔敬。当天由辅国公篇古代表小皇帝主祭，宣读的祝文大要为：先帝皇太极驾崩后，诸王大臣决议让我福临继承大统，改明年为顺治元年，祈求"上天昭鉴，俯垂眷佑"。另外也向太祖努尔哈齐与其他祖宗宣读了祝文，同样地提到登基的缘由与改明年为顺治元年的事，希求祖先"俯垂默佑"。宣读这些祝文，举行祭告仪式，主要是对外宣示已经向上天与祖先备了案，新君福临从此成为正式合法的领导人。

　　第二天，八月二十六日，又举行新皇帝的即位大典。当天一早，宗室亲贵与满、蒙、汉各族文武大臣，都齐聚沈阳清宫笃恭殿前，恭候皇帝莅临。福临由宫中坐上礼车，出东掖门，进入八角金殿，然后登上宝座。诸王大臣在皇帝到达时，一齐跪迎，入殿后由济尔哈朗与多尔衮带头向新君行三跪九叩首礼，礼成之后，再由赞礼官员颁诏大赦。当时大赦诏书的内容约有：（一）略述努尔哈齐始建国家基业，功劳伟大。皇太极弘谟远略，"不服者武功以戡定，已归者文德以怀柔，拓土兴基，国以滋大"。（二）皇太极死后，诸王大臣"以国家不可无主，神器不可久虚"，决议让福临继承大统，以明年为顺治元年。（三）有关大赦的事项指明的有谋犯朝廷；焚毁宗庙陵寝宫殿；逃亡叛逆；蛊毒魇魅；窃盗祭天器皿及御用诸物；子孙杀祖父母、父母；鬻卖兄弟；妻妾告夫；内乱；杀人；聚党劫财等大恶，向来不赦的，"今咸赦除之"。其余一切死罪、囚禁隐匿偷盗及未完赃赎等罪，也都予以全部赦免。从大赦诏书文字中可见新政府是宽仁的，是要给人一种祥和新气象的，希望新君、新朝廷将带来新希望与新成就。

诏书宣读完毕后，登基大典也随之结束。诸王大臣与文武百官再一次地向皇帝行三跪九叩首礼，新君福临随后便坐上帝王专用的礼车回到殿后的宫中。即位典礼，至此顺利完成。

在清朝官方的记录中，对这次登基大典还写下一些有趣的花絮文字，值得一读。

第一，提到福临走出宫中到八角金殿时，因为时值深秋，天气变冷了，因此侍臣给了他一件貂裘，以免他受冻，可是他不要穿，拒绝了侍臣的好意。后来这位小皇帝说明了当时他未接受貂裘的原因，不是他不怕冷，而是貂裘衬里颜色的问题。他对侍臣说："适所进裘，若黄里，朕自衣之；以红里，故不服耳。"这黄里与红里是有大学问的，因为当时皇帝应穿黄色或杏黄色的衣服，黄为正色，从努尔哈齐晚年就讲究，皇太极时代更明令规定过。同时皇帝是宗室之人，非觉罗族众，理应用黄，而不能用红。另外也有可能是皇太极去世不久，大丧期间，不宜穿红的缘故。总之，这一记事说明了福临年纪虽小，但已懂事，而且懂得一些习俗与制度上的大事。

第二，福临在搭乘帝王专用的礼车去八角金殿参加即位大典时，他的乳母怕他年纪过小，身材不大，乘大车有危险，想一同与他上车，以便照料，可是福临对她说："此非汝所宜乘。"不许她上车。这又说明了福临对尊卑制度与公私情谊是分别得很清楚的。

第三，福临升上宝座之后，看到殿前满是跪拜的宗室亲贵与满、蒙、汉各族文武大臣，他是小辈，感到有些过意不去，他立刻问身边的侍臣："诸伯叔兄朝贺，宜答礼乎？宜坐受乎？"侍臣回答说："不宜答礼。"他已是皇帝了，确实不应对臣工们答礼，不过他的童心还很纯真，对长辈们还充满尊敬之情。

第四，登基大典结束后，福临坚持要请大伯父和硕礼亲王代善先离开，以示尊敬，然后自己才"升辇入宫"，可见他在国家与家庭礼节上处理得很有分寸。

以上种种不过是史官们对小皇帝的溢美之词，相信未必是当时的实况。不过清代官书里都记录了，我也就写在这里，供读者诸君参考欣赏吧。

七
即位后的内外情势

当满洲兴起以及其后建立大清皇朝之时，统治中国二百多年的明朝已步上亡国之途。庞大的国家统治机构逐渐失去早年的机能与效率，处处显得腐败无能，国库也日益空虚，人民更是穷困日甚，军队的实力尤其一落千丈，以往无论是边疆或内地，一有警讯动乱，可以很快平定，但到末季情况大异了。东北边区的满族不仅无法控制，而且所有战事几乎都是连连败北。内地人民的动乱也是一样，花数十年时间，倾全国之力，也不能平息各地民变。明朝的政治、军事势力衰落，相对地给了满清与内地民变很好的发展条件。

尽管满洲八旗大军连克辽河东西数以百计的城镇，尽管中国内地农村的流民大军像决堤洪水似地冲毁了很多明朝军事重镇，但明朝家大业大，整体门面尚能维持。然而到皇太极去世的前后期间，情势大有改变。关外松锦大战的失利，证明了东北军事的完全破局，毫无重振旗鼓的转机。而崇祯十六年（公元1643年）九月河南郏县的流民兵大胜，歼灭陕西统帅孙传庭的主力军队，更说明了明朝的灭亡在即，这时正是皇太极死后约一个月的光景。李自成的大军经过攻克襄阳、荆州、德安等地的胜利，郏县的大捷，随即在同年十一月便攻破了潼关、占领了西安，然后分兵攻打汉中、榆林、甘肃，并在同年年底据占西北全境以及河南中、西部与湖广的几十个府县。另一支大军由张献忠率领，进入湖广，破汉阳、克武昌，转战湖南、江西、湖北、四川数省，给明廷重创，也使明朝失去了最后的生机。

在当时明朝、流民军与满洲这三角政治势力角逐下，流民军的节节胜利固然给明朝致命的打击，而关外的满清也不愿浪费时间，坐失良机。皇太极在死亡前已取得了松锦大战的胜利，摧毁了明朝孤注一掷的十三万大军。他的死亡确实一时影响到军事行动，但皇位继承纷争解决之后，大清的领导人立即恢复国家的发展事业，开始对明朝从事军事行动了。

福临登基后的半个月，即崇德八年（公元1643年）九月十一日，辅政王济尔哈朗与武英郡王阿济格率领八旗大军，带着红衣大炮与各种火器自京城沈阳出发，向关外明军据点进攻。当时明朝在关外的战略要地已不多了，除重镇宁远之外，还有附近的中后所城、中前所城及前屯卫等处。济尔哈朗等此次出兵，显然不以宁远大城为目的，因为那边的守将吴三桂拥有一支劲旅，而且他也是有战斗能力的将官。吴三桂是祖大寿的外甥，祖家一门大小数十人都已降清，清廷是可以利用祖家力量劝降吴三桂的，所以济尔哈朗等于九月二十四日先攻中后所城，经过一夜激战，明兵就溃逃了，清军擒斩明军将领二十多人，杀死守军四千五百多人，俘获四千多人，可以说很顺利地就攻克了中后所。九月二十九日至十月一日的两天期间，前屯卫又被清兵攻破，明军将官三十多人被杀，军士死难四千余人，二千多人被俘，又是一场轻易结束的战役。中前所见中后所、前屯卫诸城陷落，守城总兵弃城而逃，清军不战而胜。

这次军事行动，前后共进行七八天，清军攻无不克，明军则连遭败绩，表明了八旗军在关外已是"天下无敌"了。济尔哈朗等没有再攻打吴三桂防守的宁远孤城，留待以政治手段解决，清军于十一月中凯旋归返沈阳。

多尔衮与济尔哈朗的这次出兵行动，一方面是转移皇太极死后政坛上互争人士的注意力，使政争一时趋于平静。二是解决松宁大战后遗留的问题，使宁远完全孤立，以实现清朝当时对关外局面的控制。三是打一场有把握胜利的小据点攻击战，以提高辅政二王的地位与声誉。吴三桂因为守住了孤城，向明廷呈报"穴中自斗，而匆忙撤离"的说法是不正确的。

清廷在发动战争前是发生了"自斗"事实，但济尔哈朗班师沈阳应该是别有原因的。例如前屯卫等三城虽被一举攻得，但满洲人的藉战争取财货的目的并没有成功，因为据当时在沈阳的朝鲜人说："城中公私家舍一齐放火，……资粮机械亦皆烧尽。"明朝军人采取了坚壁清野的战术，使八旗军破城而空无所获，以至于八旗军回沈阳时"人马饥疲，……无人畜财货输运之物"，不得不速还"以为休养进取之计"。又如朝廷中不仅诸事纷繁，济尔哈朗不能久留之外，同时多尔衮又有了新的发展权力计划，需要二位辅政王一同会商与推行，济尔哈朗回师是必要的。什么发展计划要济尔哈朗共同参与呢？史实很快就说明了：

同年的十二月十五日，多尔衮与济尔哈朗召集诸王、贝勒、贝子、王公大臣会议，向他们宣布说：

前者众议公誓，凡国家大政，必众议佥同，然后结案。今思盈廷聚讼，纷纭不决，反误国家政务。我二人当皇帝幼冲时，身任国政，所行善惟我二人受其名，不善亦惟我二人受其罪，任大责重，不得不言。方先帝置我等于六部时，曾谕："国家开创之初，故令尔子弟辈暂理部务，俟大勋既集，即行停止。"今我等既已摄政，不便兼理部务，我等罢部事，而诸王仍留，亦属未便，今欲概行停止……。尔大臣以为何如？

以上宣布的这项内容，有几点值得我们注意：

第一，朝鲜人在继统之争时的记事中说：多尔衮与济尔哈朗愿帮助小皇帝，"左右辅政"，现在他们在召集诸王大臣宣布此一政府改制的重要政策时，却称"今我等既已摄政"。除非是朝鲜人当时用字不当，否则就是多尔衮等在当权不到四个月之时，身份已由辅政变为摄政了。

第二，两位摄政王是向清朝当时的满朝亲贵文武大臣宣布，今后国家的决策大权不再由众贝勒大臣公议，而是由两位摄政王全权处理。

第三，国家重要行政部门吏、户、礼、兵、刑、工六部，今后也不再由诸王、贝勒、贝子、公等天生的贵族兼理，而是由六部的长官尚书负责。

总之，这次改变政体的宣布，就是让摄政王拥有国家最高决策权，也掌握国家的行政权，中央集权从此得到进一步地发展、八旗亲贵的旗权也因此进一步地受到减弱。

多尔衮等如此扩张自己的权力，当然有很多人不满。他用像是民主的口吻问："尔大臣以为何如？"大臣们哪敢抗拒，只好回答："王所虑诚是。"不过问到豪格与多铎等人时，回答就有些不中听了。他们的答复是："承王问，若辄称是，恐以为惮任部务，乐闻此言。若不对，又恐以为有所不快。……众皆定议以为然，我等无不遵者。"答复得极为勉强。而且负气与不悦之情，溢于言表。

不仅如此，在两天之后，多尔衮等又谕令都察院各官："尔等俱系朝廷风纪之官，向来诸王、贝勒、贝子、公等办理国政及朝谒勤惰，原属吏部稽核"，从今以后，"官员听之吏部，王贝勒等应尔衙门稽察，有事应纠参者，须据实奏闻，方为称职"。并且要求各部尚书、侍郎等"克矢公忠，有见即行，勤劳罔懈"。这又是一种集权中央的手段，减少宗室亲贵干预政事，让摄政王更为名副其实地掌握大权。

以上集权措施，表面上看是多尔衮与济尔哈朗二人通力合作做的，也可以说他们二人配合得很好。不过，朝鲜人早就看出多尔衮已处于支配的地位，权势比济尔哈朗高。他们说："刑政拜除，大小国事，九王（指多尔衮）专掌之。"果然到集诸王百官大权于摄政王之后，在第二年正月间，济尔哈朗向内三院、六部、都察院、理藩院等单位堂官说：

> 嗣后凡各衙门办理事务，或有应白于我二王者，或有记档
> 者，皆先启知睿亲王。档子书名，亦宜先书睿亲王名。

从此多尔衮一人专政的执政格局形成，大清的政权内部也渐趋稳
定了。

八

明亡前后的流民军与清军

明崇祯十七年，清顺治元年，公元1644年，在中国史上是很特别的一年，因为明朝首都陷落、北明覆亡于这一年，清朝大军入关，定鼎北京统治中国也在这一年，领导民变的流民军领袖李自成也在这一年建元称帝，国号名为大顺，而最先推翻明政权的是李自成，不是顺治皇帝或多尔衮。

这一年的元旦日，李自成在西安正式建国，国号大顺，年号永昌，他是大顺皇帝，封宋献策为军师、牛金星为丞相，并仿明朝中央制度，设六政府，各政府设尚书一人、侍郎二人，办理政务。同时又开科取士，网罗人才，俨然有大国规模。远在沈阳的清朝，元旦日也正常地举行很多典礼，如小皇帝福临一早就到堂子里去祭拜，还宫后又去祭神，接着在八角金殿中接受诸王、贝勒、贝子、王公大臣们的朝贺，蒙古外藩也有多人参加了典礼。朝鲜使臣也来进贺表、贡方物。这天因皇太极去世停止筵宴，但一切气氛正常。正如大顺朝廷一样，充满了新兴旺发的景气。可是在北京的明朝，天气异常，吹起少见大风，而在安徽凤阳发祥地的祖陵一带地区又发生不常有的地震，一般人都觉得不是吉祥之兆。崇祯皇帝这一天也

明亡前后的流民军与清军

27

曾视朝上班，不过大臣们人心惶惶，朝班混乱。

正月初八日，李自成亲率大军从西安出发，直向北京。当时兵分两路，一由山西，一由河南。山西军于二月初二日攻克汾州，初三日陷怀庆，初八日破太原，随后连下忻州、代州，真有破竹之势。只在宁武关遇到明朝三关总兵周遇吉的抵抗，几经激战，至三月初一日才攻下宁武关，其后于初七日大同总兵姜瓖来降，第二天，宣府监军太监杜勋与总兵王承胤又来献城，战事颇为顺利。另一路河南军也攻克彰德、真定、大名。明朝首都已危在旦夕了。

李自成在攻克太原以后，曾发布了他的《讨明诏书》，历数明朝的种种罪恶，指出"臣尽行私，比党而公忠绝少"、"公侯皆食肉纨绔"、"宦官悉龁糠犬豚"、"狱囚累累，士无报礼之心；征敛重重，民有偕亡之恨"。最后他希望明朝君臣"体天念祖"，衡量时局，早日归降，当有好的回报。

面对李自成的大军压境，明朝中央也研究对策，有人建议迁都南方，"可缓目前之急，徐图征剿之功"。有人想出"太子南行，皇上固守（北京）"之策。有人主张倾全力出讨，包括皇帝御驾亲征。也有人认为下令吴三桂弃宁远率兵入关来京师，与其他勤王师会合，必能击败流民。崇祯皇帝是个好猜忌而又多疑心的人，大臣们不敢坚持己见，皇帝又犹豫不决，结果浪费宝贵时间，而一无良策可行。其间虽有大臣李建泰自告奋勇，力请督师出征，但不堪一击而自身反成了俘虏。最后在情势紧迫下，崇祯皇帝决定调吴三桂入京勤王。

三月十五日，大顺军入居庸关，密云总兵唐通与监军太监杜之秩投降了李自成。居庸关是北京西北的门户，因此大顺军便毫无阻挡地可以直逼北京城了。十七日，李自成的大军抵北京城下，列队环攻。第二天，"炮声不绝，流矢雨集"，大顺军派投降太监入城劝降，崇祯皇帝迟疑未答，当晚负责防守彰仪门的太监曹化淳开门出降，崇祯皇帝后来闻讯登上煤山（今景山）。十九日黎明，流民军将领李过、刘宗敏等人先行率兵入北京城，安抚百姓。当天中午李自成也由德胜门进入明朝皇城，而崇祯皇帝却在他们入城前自缢于煤山殉国了。

吴三桂在三月十日左右就已经起程来"勤王"，但他的行军速度过慢，有时一天只行走几十里，当他走到丰润城时，已是三月二十日，北京已在前一天由大顺军占领了。他因此停止进兵，转马回头到山海关驻守，考虑自己下一步应变的方式。大顺君臣进入北京之后，根本没有想到吴三桂的问题，他们有的安定政局，有的安置明朝降官，有的忙于占住高门大宅，像刘宗敏等辈则以征歌逐妓、追求享乐为务。不久之后进行追赃助饷行动，逮捕故明勋戚大臣八百多人，刑讯逼赃，限额限期地命被捕官员缴纳银两，吴三桂的父亲吴襄也被刘宗敏收押，"索饷二十万两"。爱妾陈圆圆原是苏州名妓，刘宗敏在"狎妓欢笑"之余，又将陈圆圆收入府中。大顺朝的文武官员，甚至兵士都在京中攫取民财，尽情享乐，大家"腰缠既富，人多乡井之思，绝无赴敌之气"。而北京一时成为黑暗恐怖之城，社会秩序大乱。

李自成在京中稍事安顿之后，感到"各镇将皆降，三桂道未通"，他就派了唐通等人带兵往征。但他低估了吴三桂的实力，唐通上阵后被三桂击败，这才使李自成了解"吴三桂是一骁将，……而辽东劲敌又使我衽席不安"，经过与谋臣商议后，决定以政治方式解决，即派人去招降。李自成找出吴三桂的父亲吴襄以及"老师"张若麒出面，晓以大义，动以温情，并送去犒师银两四万以及赠三桂私人白银万两、黄金千两，另外又有敕书一道，封吴三桂为侯爵。吴三桂真被李自成的高情厚意打动了，愿意接受父亲的劝告，投效大顺朝。三月底，他将山海关的防守任务交给了唐通，自己率领兵马进京谒见大顺皇帝李自成。吴三桂显然是决心投效大顺的，他在路上还大张告示说："本镇率所部朝见新王，所过秋毫无犯，尔民不必惊恐。"不过，在四月初四日当他行抵永平西沙河驿时，有个从北京逃出的家人来告诉他父亲已被捕，爱妾陈圆圆被刘宗敏掠去，这给他刺激很大，并怀疑到自己返京是否能得善待的问题。有些书里说他"大丈夫

八

明亡前后的流民军与清军

不能保一女子，何面目见人耶！"因而"冲冠一怒为红颜"，当即下令挥师重返山海关。唐通没有想到吴军又突然回来，毫无戒备，于是被三桂击败，仅率八骑逃回北京。李自成与刘宗敏等人的错误政策，致使吴三桂降而复叛，大顺朝的日后灭亡也是自食其果了。

李自成得悉吴三桂重返山海关，后来又杀掉派去的使臣，进而有募兵备战"讨贼"的消息，乃别无选择地发兵讨伐。

我们再看清朝方面，他们当然知道明朝国内有流民的动乱事件，早在皇太极时代就想与流民军合作一起消灭明朝，不过始终没有联络上。多尔衮摄政后，也从蒙古人口中得悉流民军攻打陕西等地的信息。顺治元年正月，多尔衮派人到陕西与流民军联系，并带去一封如下的函件：

> ……兹者致书，欲与诸公协谋同力，并取中原，倘混一区宇，富贵共之矣，不知尊意何如耳？

不过，李自成的军事行动进行得特别顺利，根本不需要和"夷人"联合灭明，而且事实上他在三月十九日已进入了北京，取得了灭明的优先权。多尔衮原拟四月间"大举进讨"明朝的，可是在三月底就得了流民军入京的消息。多尔衮为对付新局势，立即召开紧急会议，并请汉人谋士范文程等来参加。范文程是历经清初三朝的老臣，他向多尔衮分析流民军人数虽多，但不易成功，尤其他们逼死崇祯必遭天怒；刑辱缙绅、拷掠财货必遭士忿；掠民资、淫人妇必遭民恨，有此三者，必定失败。他又建议如想统一中国，"非义安百姓不可"。后来范文程更上千言书一份给多尔衮，他认为这是摄政诸王建功立业的大好机会，明朝已亡，"土地人民不患其不得，患我既得而不能有也"。现在是与流民兵争天下之时，战事流民兵绝不如我国，招抚百姓我国不如流民兵，所以必须要选任贤能者安抚人民，还要秋毫无犯，"官仍其官，民仍为民"，如此华北各地就轻易可得了。范文程从思想上给多尔衮等人入关夺权的信心，也提出了具体的方案。多尔衮采纳了范文程的意见，亲率大军入关夺权。他当时还不清楚吴三桂降而复叛的实情，因此他仍决定沿皇太极时代的入关路线，不由山海关而从内蒙地区直趋长城。当他兵渡辽河之后，突然想到洪承畴对李自成的流民兵有作战经验，乃征询他的看法。洪承畴也提出与范文程类似的建议，劝清兵重树形象，做到"不屠人民、不焚庐舍、不掠财物"，以顺民心、招百姓。他又认为李自成等"今得京城，财足志骄，已无固志，一旦闻我军至，必焚其官殿府库，遁而西行"。这一点是范文程没有想到的，而这经验之谈事后得到相当程度的验证。他又向多尔衮提供马步兵对流民兵作战的周全方法，灵活机动，易于成功。范、洪二人的建议实在又一次地为清朝作出具有关键意义的决策，而更重要的是多尔衮完全信赖他们，勇往直前，为大清的入主中国建立了奇伟功勋。

吴三桂在与李自成决裂后，知道流民兵必来攻打。他想到清朝不断向他示出好意，而他又有很多亲戚、好友在清朝任官，所以在形势日益紧张时，他在四月中旬致书多尔衮请兵相助。他以"亡国孤臣"的名义向清朝"借兵"，不是向清朝投降，他称清朝为"北朝"，而自称"我朝"。信中又说："灭流寇于宫廷，示大义于中国，则我朝之报北朝者，岂惟财帛？将裂地以酬，不敢食言。"可见吴三桂当时还没有降清的迹象。

多尔衮后来得到此信，乃改变绕道山海关由内蒙入关攻打的初衷。四月十三日，李自成也亲率大军六万出京师，经密云、过永平，直趋山海关，决定大顺朝、清朝与李自成、多尔衮以及吴三桂未来命运的山海关大战很快就要爆发了。

九
决战山海关

当多尔衮接到吴三桂的来信时，发现信中要求他从喜峰口、龙井关以及墙子岭、密云等处入关，这正是清军原来出兵入关的路线。多尔衮觉得吴三桂既急于请兵，何以不让清军直赴山海关呢？他怀疑吴三桂有诈，甚至"有窥辽之意"，因此他改变进兵路线，立即命令锦州一带驻军，携带红衣大炮向山海关进发。随后他自己也率领大军，经西拉塔拉，改道走到山海关的方向。多尔衮在途中派人送信给吴三桂，文字表面很客气，但实在就是一封招降书，说到"今伯若率众来归，必封以故土，晋为藩王，一则国仇得报，一则身家可保，世世子孙，长享富贵，如河山之永也"。四月二十日以后，多尔衮加速赶到宁远北方的连山驿，其时李自成已即将攻打山海关了。吴三桂在情急之下又派人送了第二封信给多尔衮，提到"已迫旦夕，且急愿如约，促兵以救"，这是清方的说法。多尔衮乃下令大军星夜赶路，日夜兼程，先驻军于离山海关百里外的沙河驿，四月二十一日，清军又赶到山海关十里外之地，接到吴军来人报告，说"贼已出边立营"。多尔衮即下令精兵上阵，在一片石地方首先遇到唐通的部队，人数不多，很快被清军击败。当时听到山海关内隐约传来的炮号呐喊声响，多

32

尔衮不知关内情况，乃与胞兄弟阿济格、多铎说："不如分兵固守，以观动静。"然后八旗兵"披甲戒备"，"高张旗帜，休息士卒"，"蓄锐不发"，一面派人去吴三桂营中打听情形，以免上当。

在大顺军方面，李自成可能对吴三桂还存有可以招抚的心理，他从京中出发时，把吴三桂的父亲与明朝宗室子孙多人带在军中，以便劝说吴三桂投降。没有想到吴三桂下定了决心，他先派出了属下与亲信来李自成处诈降，以拖延时间，好与清军联络与谈判。因此李自成于四月十八日到达永平后，并没有进一步向山海关发动攻击，后来发现诈降的将官阵前逃脱，才下令急攻山海关，石河大战也就此爆发了。

山海关是"万里长城第一关"，古称榆关，是长城东部的起点，关城南临渤海、北依燕山，横亘辽西走廊，东西为入关门的必经之道。当时的山海关除县城之外，四面分别是东、西罗城和南、北翼城，起着拱卫县城的作用。其中除南翼城偏近大海之外，其余三城都是县城的屏障。李自成兵抵山海关后，即布置大军攻击这三个城堡。由于西罗城面向关内，前有石河，因此两军首先在这里接战。二十一日，从上午辰时开战，一直杀到中午，历时四五个小时，流民兵力战得胜，后来又以骑兵过阵奔杀，西罗城情势十分危急。吴三桂又以诈降骗了流民兵，缓和了战事。守军后来偷袭流民兵，而城上又以大炮猛轰，战局转危为安，流民兵攻取西罗城的行动可谓功败垂成。

李自成的部下同时也有进攻北翼城与东罗城的。北翼城的守将冷允登拼命抵抗，流民兵则"日夜狠攻"，一时守城官兵军心动摇，竟有人企图做流民兵的内应。冷允登急忙"御寇防奸，内外兼顾"，相当辛苦，北翼城真是岌岌可危。东罗城的情形也不乐观，因为吴三桂的主力大军布阵在石河一带，东罗城乃由士绅马维熙等人率乡勇守城，据说当时东罗城"孤当贼冲，危急劳瘁，倍于两城"，所以随时会被流民兵攻破。

吴三桂见各城情形不妙，乃紧急向清军求援。据《明季北略》一书所记：这一天"三桂遣使者相望于道，凡往返八次"。其中还包括山海关士绅余一元等五人的代表团去与多尔衮会商，多尔衮以礼相迎，"赐坐赐茶，款接温蔼"。士绅们会后对多尔衮观感极佳，有感激涕零的，认为"煌煌十数语，王言实大哉！"，双方可以说建立了互信的基础。多尔衮随即命范文程随兵士们回山海关，"晓谕军民"，表示清军即刻便来参战，以鼓舞士气。同时也传达给大家清军来此的目的是为崇祯皇帝发丧，八旗兵会严守军纪，绝不扰民，用以安定民心。

范文程此行对吴三桂军心确实起了鼓舞的作用，山海关的人民也殷盼清军快来参战。士绅们也对多尔衮极有信任感，吴三桂不得不出面表示。二十二日天刚亮，吴三桂率五百骑突围出关，到欢喜岭拜见多尔衮。在营中多尔衮与吴三桂对天盟誓，以白马祭天，乌牛祭地，双方歃血斩衣，折箭为誓。仪式相当庄严隆重。多尔衮与吴三桂相约吴军"各以白布系肩为号，不然，同系汉人，以何为辨，恐致误杀"。吴三桂在盟誓后即返山海关，多尔衮也召集王公大臣们训诫说："尔等毋得越伍躁进，此兵不可轻击，须各努力，破此，则大业成矣！"

李自成从战败的唐通报告中得悉清军也来参战了，所以石河之战他知道"成败待此一决"。他把大军北至山、南至海，排成一字长蛇。吴三桂也"悉锐而出"迎战。清军则以阿济格为左翼、多铎为右翼，各率兵万余人，多尔衮则率领主力，从山海关中门进，入赴石河西部。清代官书《清实录》描写这场恶战的情形说：

　　是日，大风迅作，尘沙蔽天，咫尺莫辨。……及进兵，令军士呼噪者再，风遂止，各对阵奋击，大败贼众。

不过，据同时代与稍后的私人记载中所记，则有较为详尽的报道，如刘健的《庭闻录》与彭孙贻的《流寇志》两书，他们说战争时金鼓与呐喊之声，远传百里之外，李自成先命部众包围吴三桂，在兵数不及流民兵、战斗力也不强过流民兵的情形下，吴三桂无法突围，"阵数十交，围开

34

后合"，而"炮声如雷，矢集如雨"，吴三桂恰似瓮中之鳖，根本无法脱身。经过大半天的苦战，吴三桂弱势毕露，情况万分危急了。正在此时，多尔衮锐兵突至，白旗骑兵二万从吴三桂右侧上阵，"万马奔腾不可止"，流民兵也因此落居下风。多尔衮除了兵分三路衔住流民兵的长蛇阵要害外，又趁吴三桂军与流民军苦战半日、伤亡极众、体力耗损殆尽时参战，当然不是流民兵所能抵挡得了。李自成又先率自己的部队逃跑，流民兵因而阵脚大乱，一败而不可收拾了。清军乘胜追击四十多里，阵获许多驼马缎币。《明史》里还说：流民兵在这场战争中被杀的无计其数，投水溺死者也不知凡几，尸横遍野，沟水尽赤。

当天夜晚，战事完全结束了，各方动员总数约四十万人的大军，惨烈战斗了两天一夜，终于画下了休止符。

石河之战激烈而凄惨，据当日目击者说：战役中"凡杀数万人，暴骨盈野，三年收之不尽也"。直到康熙年间，还有人作诗凭吊当年的激战说："二十年前战马来，石河两峰鼓如雷。至今河上留残血，夜夜青磷照绿苔。"以上是文人与诗人的看法，历史家则以为山海关石河之战，乃划时代的历史大事，也预示了很多人的命运与历史地位。李自成因此次败绩，注定了他的日后败亡。吴三桂虽战胜流民兵，但确定了他是历史罪人的身份。而多尔衮则是此次战争的最大赢家，他不但为他个人写下了生平事功成就的新页，也为他树立了正面的形象，更为大清帝国入关统治中国奠定了成功的基础。

十
多尔衮入北京

李自成自从兵败山海关后，先退到永平，稍稍整顿兵马，准备与敌军再战；但是队众已军心涣散，连将领也有拒不听命的。四月二十三日与吴三桂的追兵再战，又告失利，士气已完全不堪用了。李自成在永平西边二十里处的范家庄，杀了吴襄，然后撤兵，于二十六日退还北京。当日吴三桂带兵穷追，在京城附近与刘宗敏等人的流民兵发生决战，刘宗敏负伤，大顺军再尝败绩。

四月二十八日，吴三桂率兵进至京城近郊，发出文告，通告士民百姓，他们的"义军"不日即可进入北京。北京城里的明朝遗臣与百姓，经过李自成的恐怖混乱统治，听到吴三桂即将收复首都，大家都重燃心中的希望之火，有人更认为明朝中兴在即了。

李自成返回京城之后，听到城里有人歌唱："自成割据非天子，马上登基未许年。"心中甚为不快。四月二十九日，他毅然下令要即皇帝之位，举行隆重典礼。这天是崇祯皇帝死后的第四十天，他在武英殿行大礼，立妻子高氏为皇后，追尊七代祖妣为帝后，派大学士牛金星代行祭天礼，并由六政府各颁一份诏书，宣布以今年为大顺元年。李自成身穿衮

36

冕，受百官朝拜。由于当时情势紧张，即位仪式草草了事，并立刻着手撤离北京，命令全军整束行装，收拾宫中未带完的宝物，随军而行，不少金饰已熔成金饼，也同时运出北京。更可怕的是他下令军士将木材、硝磺、桐油搬到各宫殿，用火焚毁，并烧及九门城楼。五更时分他带兵撤离北京。《平寇志》与《国榷》等书中都说：当时北京各宫殿火光烛天，照耀得像是白昼。

李自成在主宰北京四十一天之后，带着满身烧杀罪恶狼狈地离开了北京，他只当了两天的"正式"皇帝，时间的无情，命运的变化，真教人感叹深思！

吴三桂本来是想进入北京看看家人的，多尔衮怕他返京会横生枝节，下令叫他随阿济格等人一同带兵去追杀大顺军，吴三桂只好无奈地踏上西北的征途；事实上，他留京的家口三十多人都已经被李自成下令杀光了，只是当时他还没有得到消息罢了。

多尔衮则带兵积极地向北京挺进，并在沿途表现得出奇的文明。他不仅重申军士不能乱杀无辜、不能扰民的军令，并以真诚的行动取得汉人官员兵民的信任。他强调清兵入关的目的是"为尔复君父之仇，非杀尔百姓，今所诛者惟闯贼也"。而不反抗的人"官者归来复其官，民者归来复其业"，这些许诺也都做到了，所以"中原人士无不悦服"。

据《清实录》等书记载，多尔衮自四月二十五日至五月初一日的七天当中，从抚宁县，经昌黎、滦州、开平、玉田、蓟州、通州至北京附近，都对各地出城往迎的地方官赐袍服，仍令他们照旧供职，并令他们发仓赈济人民，而清朝八旗兵绝不入城，只在城外宿营，可以说对人民关注万分，让社会秩序保持安定。

五月初二日，多尔衮率兵离开通州，不久北京城便映入了他的眼帘。由于吴三桂在文告中说他将与明朝太子一齐回北京，京中人士都欣欣地等待，以为吴三桂与太子回京会重建大明政府，不少大臣都在寺庙中为崇祯皇帝设立灵位，发丧哭临。他们率领百姓在朝阳门外等待，锦衣卫指挥骆养性还准备了銮仪法驾，百姓也有跪伏道旁、烧香拱手为礼的。但是从北方来的大军既无太子，也不见吴三桂，而是一大群八旗兵拥护着一位"胡服、顺身者"的满族将领，他就是摄政王多尔衮。"臣民相顾失色"，非常惊讶。有些有气节的官员趁人不注意时悄悄地离开了，也有官员将错就错地欢迎多尔衮了。多尔衮对大家说："我摄政王也，太子随后至，尔辈许我主否？"当时都门上已遍插了八旗兵的军旗，百官在惊恐下默认了现实。人群中有请多尔衮乘辇进城的，多尔衮则推辞说："我是效法周公辅佐幼主的，不该乘辇。"众人叩头请求，并说："周公也曾负扆摄国事，今宜乘辇。"他随即拜天，行三跪九叩首礼，又向关外盛京的皇宫行三跪九叩首礼，然后乘了帝王专用的礼车到武英殿，坐上宝座，接受故明大小官员以及宦官七八千人的朝拜，据说还有"伏呼万岁"的。

就这样在一片欢呼声中，多尔衮顺利地进占了北京城。

十一
稳定华北局势

多尔衮进入北京之后，由于京城里连续更换统治领导人，加上汉人具有牢不可破的夷夏之防，人心很是浮动，社会极度不安。清朝的摄政王与文武官员们从一个小的地方政权突然改换为中央统治，确实有着茫然不知所措的感觉。毕竟多尔衮是一位杰出的军事家与政治家，他在文武臣工的协助下，使京中与华北地区的局势逐渐稳定了下来，清朝在中原的统治地位逐渐巩固了。

多尔衮稳定当时的局势可以从两方面来说，一是军事方面的，那就是追击李自成等人的流民兵与平定地方上因改朝换代带来的零星动乱。对流民兵他决心要除恶务尽，不能让这股敌对势力存在。对盗贼与流散流民兵在地方上的作乱，他是先以招降安抚为主，必要时才用武力去解决。另一方面是政治性的措施，他认为更重要，否则不能收拾人心，不能在中原安稳立足。他是如何以政治手段来达成稳定局势的呢？我以为可以从两个层面上看。从五月初入京，多尔衮就不断主动地颁布文告，向人民解释他们的立场与主张，并不断为明朝官员与人民维护权益，减轻经济负担，使大家能安居乐业。例如：

十一

稳定华北局势

五月初三日，多尔衮人京后的第二天，谕令兵部："薙发归顺者，地方官各升一级，军民免其迁徙"；"朱姓各王归顺者，亦不夺其王爵，仍加恩养"。同一天，又降谕故明内外官民人等说："各衙门官员，俱照旧录用。……其避贼回籍、隐居山林者，亦具以闻，仍以原官录用。""兵丁愿从军或愿归农者，许该管官送至兵部，分别留遣。""我朝臣工，不纳贿，不徇私，不修怨，违者必置重典。"

五月初四日，多尔衮下令："官民人等为崇祯帝服丧三日"，"礼部、太常寺备帝礼具葬"。

五月初六日，多尔衮下令："凡强取民间一切细物者，鞭八十，贯耳。"这一天因为正黄旗下属人杀了百姓人家的狗，狗主拒抗，又遭到箭射。在多尔衮的严令下，斩杀了射箭的人，其余参与的各鞭一百，贯耳鼻。事实上，在入京之时，为了安定民心，多尔衮就下令大军驻城外，不准随便入内，"军兵之入民家者，论以斩律"。连军人做饭也只能"于道傍埋锅而爨"，不得"入百姓家者"。

五月十一日，多尔衮再降谕对流民兵与为乱地方的人不究既往，一概宽宥，希望他们剃发归降，改行安业。

五月二十二日，以礼葬崇祯皇帝及其后妃、公主等，"仍造陵墓如制"。

五月二十四日，多尔衮收回成命，不强调剃发之事。他说："予前因归顺之民，无所分别，故令其薙发，以别顺逆。今闻甚拂民愿，反非予以文教定民之本心矣。自兹以后，天下臣民，照旧束发，悉从其便。"

六月十六日，多尔衮派遣官员祭先师孔子。

六月十七日，多尔衮下令官员在京城内调查，"鳏寡孤独、谋生无计及乞丐街市者，着一一察（查）出，给与钱粮恩养"。

六月十八日，为安邦抚民，多尔衮下令禁止造言谣惑，以维社会治安。

六月二十日，多尔衮谕内外官员要"尽洗从前贪婪肺肠，殚忠效力”，为国家与人民服务。

六月二十七日，派大学士冯铨祭故明太祖及诸帝。

七月十七日，多尔衮下令废除明末辽饷、剿饷、练饷等额外摊派，以减轻人民经济负担。

七月二十九日，多尔衮再降谕求贤德人才。

以上是多尔衮入北京后三个月中的一些政令，对当时不安定的京城与华北地区显然是有好的正面作用的。若是从另一个层面上看大臣们陆续送达的奏疏，其中的建议对稳定局势也是大有帮助的，而多尔衮的处理态度，更是值得我们注意。例如：

五月十八日，保定副将王应登等条陈七事：一立纲纪、二任贤良、三靖遗寇、四申招抚、五和兵民、六重农务、七惩贪婪。多尔衮“是其言”，也就是同意他的看法。

六月初二日，大学士冯铨、洪承畴说：“国家要务，莫大于用人行政。”他们以为内阁票拟制度不错，希望以后应仿明朝的做法，“用人行政要务，乞发内院拟票，奏请裁定”。多尔衮也“是其言”。

六月初四日，河南道御史曹溶启陈六事：一定官制、二议国用、三戢兵丁、四散土寇、五广收籴、六通煤运。这些建议都是当时最切要的国家大事，多尔衮批道：“下所司知之。”让有关机构了解执行。

六月初八日，户科右给事中刘昌上奏，谈到健全政体制度的十项大事：一立规模、二审庙算、三推诚心、四集群策、五施实惠、六定经赋、七定官制、八颁俸禄、九明等威、十重守令。多尔衮也“是其言”。

六月十八日，顺天巡按柳寅东认为：“近见升除各官，凡前朝犯赃除名、流贼伪官，一概录用，虽云宽大为治，然流品不清，奸欺得售，非慎加选择之道，其为民害，不可胜言。”多尔衮则回答说：“经纶方始，治理需人，凡归顺官员，既经推用，不必苛求。”但今后官员犯赃，必予严惩。

六月二十四日，顺天巡抚宋权献治平三策：一请议崇祯庙号，以彰我朝厚德；二禁革加派弊政，以苏民生；三广罗贤才，以佐上理。

七月初一日，兵部右侍郎金之俊上书谈招降土寇事，多尔衮原则上同意，只是对"其就抚之民，必马匹兵器尽数交官，方见真心就抚"一事，他相当坚持。

七月十四日，户科给事中郝杰条陈四事：一劝农桑，以植根本；二抚流亡，以实户口；三禁耗赎，以除苛政；四严奢侈，以正风俗。多尔衮认为他的建议"有裨新政，令该部院即饬行"。

同一天，山东巡按朱朗鑅以为八旗属下人在各地任官，应加官员冠服以临民。多尔衮则回答说："目下急剿逆贼，兵务方殷，衣冠礼乐，未遑制定，近简用各官，姑依明式，速制本品冠服，以便莅事。"

七月十八日，顺天督学御史曹溶又条陈三事：一开支廪饩，请仍明制；二赈助贫生，给以钱粟；三优恤死节，用励风化。多尔衮觉得很好，"下所司亟议行"。

另外，像禁止京中人乱告复仇、给予归降官员赐蟒衣货币等等礼遇，也是多尔衮因当时情势推行的一些措施。

总之，从以上三个月间的中央命令与臣下建议以及多尔衮的反应看来，相信我们可以了解以下的几个重大事项：

第一，在对明朝皇帝方面做了发丧、礼葬与尊庙号等事。

第二，在对前明官民方面做了"官复其官，民安其业"的承诺，而且对满汉官员视为一体，并数度征求山泽遗贤，出来任官。

第三，在对官员与军人的管制方面，要求官不贪婪、兵不扰民。

第四，在对人民的民生照顾方面，下令废除三饷、赈济贫苦百姓。

第五，在对地方治安方面，尽力去追击农民军并镇压地方盗贼。

第六，在对汉人传统习俗尊重方面，多尔衮收回成命，任由汉人束发，不必剃头。又在官员冠服制度上，"姑依明制"。

这些政治措施，在安抚舆情、收拾人心、缓和族群冲突上都是极为重要的，而且是有着正面作用的。这也是多尔衮入京后很快能稳定局势的基本原因所在。

十二
清朝迁都

　　为了实现努尔哈齐、皇太极的宏愿，为了统治全中国，在稳定北京与华北部分地区的局势之后，多尔衮安排迁都，迎接小皇帝来到新都北京。

　　根据一般史料所记，多尔衮在入关之初显然对顺治皇帝仍是忠心不贰的。五月初二日他初抵北京时，便在乘礼车前先"望阙行三跪九叩头礼"，表示他对小皇帝的礼敬。五月十二日，他又派官去沈阳报捷音。六月十一日，他又派了辅国公吞齐喀等人去向顺治皇帝报告迁都事，说到"燕京势踞形胜"，迁都北京"可以慰天下仰望之心，可以锡四方和恒之福"，他请皇帝"熟虑俯纳"。据说迁都事在当时有不少满族亲贵将领不苟同，包括他的兄长阿济格在内。阿济格认为当年打下辽东，对汉人示好，没有屠杀，结果旗人被汉人所杀的很多。他主张："乘此兵威，大肆屠戮，留置诸王以镇燕都，而大兵或还守沈阳，或者退保山海，可无后患。"最后还是多尔衮坚持迁都，才成定局。这也是北京人民有屠民谣言的原因，幸赖多尔衮多次辟谣，人心才稍稍安定。沈阳方面在初得捷报时就由皇帝率领大臣祭天行庆贺礼。接到多尔衮的迁都报告后，即"遣官告祭上帝、太庙、福陵"，似乎有意准备成行，没有一人提出反对意见。八

十二

清朝迁都

43

月初二日，顺治皇帝在叔父济尔哈朗辅佐下，发出命令，以内大臣何洛会镇守盛京沈阳，任职总管。另以镶黄旗的阿哈尼堪与正红旗的硕詹分别领左、右翼八旗兵，驻防沈阳。另外雄耀城、锦州城、宁远城、凤凰城等大小城镇也指派驻守官员，以安定后方。八月十一日，留守沈阳的摄政王济尔哈朗还带领了小皇帝与后妃宫眷们做了一件重要的大事，就是将皇太极的棺木安葬于新修成的昭陵。葬礼相当隆重，皇帝率后妃、亲王、大臣人等到宝宫前举哀，其后"跪献三爵，行三叩头礼。内大臣辅国将军锡翰等奉宝宫由中堦（阶），升陵殿，奉安于地宫，葬毕，陈设祭物。皇太后、众妃及诸王、官员献爵，行祭礼"，如此才结束葬礼。

八月二十日，顺治皇帝离开沈阳，迁都北京。这一行人不仅是皇家成员、诸王贵族，还有大批官员以及八旗军与军队的家属，加上各种辎重器物，真是浩浩荡荡，人马绵延几十里，络绎不绝于途。从沈阳到北京，路长约七百五十公里，路面也崎岖不平，走来相当辛苦。大队人马一直西行，二十二日渡辽河后抵开城，二十六日到达苏尔济，在这里察哈尔固伦公主以及外藩蒙古王公等都来朝见，并贡献驼马。第二天，福临在原地休息，举办大宴招待蒙古贵族并分赐他们各种财物。二十八日，经魏家岭转正南方向，次日抵广宁。九月初一日，到大凌河城，接着到小凌河，行程已经一半，离出发日也历时十一天了。

就在福临离开沈阳以后，北京城中又谣言四起，说皇帝到达之后，清兵会放抢三日，老年壮年也一律杀光，"止存孩赤"。多尔衮觉得非常可恶，他刚刚为"八月屠民"辟了谣，现在又有九月放抢屠杀之说，于是他再发布谕旨，先说现在八月已过，"毫未惊扰，则流言之不足信也明矣"。后来他强调：

民乃国之本，尔等兵民老幼，既已诚心归服，复以何罪而戮之？尔等试思，今皇上携带将士家口不下亿万，与之俱来者，何故？为安燕京军民也。昨将东来各官内，命十余员为督、抚、

44

司、道、正印等官者，何故？为统一天下也。已将盛京帑银取至百余万，后又挽运不绝者，何故？为供尔京城内外兵民之用也。……岂有不爱京城军民而反行杀戮之理耶？此皆众所目击之事，余复何言？

他最后下令："各部严缉奸细及煽惑百姓者。倘有散布流言之人，知即出首，以便从重治罪。若见闻不首者，与散布流言之人一体治罪。"

这篇情理兼有且戒之以法的谕旨，使京中民心稍稍安定下来，当时局势还不是十分平静，由此也可以看出一斑。

福临一行人于九月初九日抵山海关，接受驻军总兵官的妥善招待。多尔衮也派了吏部尚书巩阿岱、护军统领图赖、宗室王公阿济格等人到离关不远的深河驿欢迎，进献数珠、马匹、果品等物。其后福临等人又经过永平、丰润、梁家店等处，多尔衮再派出詹霸、吴达礼等迎驾，进献马匹、果品。为了福临的莅临北京，多尔衮又在玉河桥东，新建满洲人拜天的堂子，共有享殿三间、神房二间、祭神八角亭一座。九月十八日，顺治皇帝到了通州，多尔衮亲自率诸王、贝勒、贝子、公及文武大臣赴通州见驾。小皇帝派人送鞍马给多尔衮，多尔衮跪着接受。福临走进暂设的行殿时，摆设了仪仗，奏响了礼乐，他先向天行三跪九叩首礼，然后，多尔衮率出师诸王、贝勒、文武大臣到皇太后面前行三跪九叩首礼，接着再向顺治皇帝行三跪九叩首礼。多尔衮又与福临行满族人亲切的抱见礼，迎驾仪式才算结束。随后皇帝一行在欢迎的王公大臣引导下起程进京。九月十九日下午未时，福临的车驾从正阳门（现在北京的前门）入城，住进了紫禁城的新居。

从此北京成了清朝的国都，中国也换了新的主人。

十二　清朝迁都

十三
福临再即帝位

多尔衮进入北京之后，他不但没有大肆杀戮、抢劫一空地班师回到东北沈阳。相反地，他恢复秩序，安定局势，有长期驻守统治的心意。而且在七月间他下令重建被李自成放火烧掉的乾清宫，以作中央处理大事的办公场所。同时他又决定迁都北京，以示入主中国的决定。在顺治皇帝从沈阳来北京途中，他就着手筹划福临入京后正式临朝的事项。他在八月底令大臣拟定小皇帝的登基大典一切礼仪，包括奏乐等等。福临到达北京后，休息了四五天，多尔衮便率领群臣给皇帝上奏章说：

恭惟皇帝陛下，上天眷佑，入定中原。今四海归心，万方仰化。伏望即登大宝，以慰臣民。

福临给他们的答复是：

览王奏，具悉忠君爱国，情义笃挚，恭率文武群臣，劝登大宝，尤见中外同心，共相拥戴，特允所请，定于十月初一日即位，用慰王等廓清救宁之意。

福临当年才七岁，当然不会写这类官样文章，相信他连这些文字都看不懂，这必然是多尔衮等人的安排，然而就因为这样的安排，福临便将在十月初一日登大宝、即帝位了。

即皇帝大位，必有隆重大典仪式以及一些配合的事项。首先多尔衮对八月底礼部官员研议出来的典礼中奏乐事不太满意，命令汉人大学士们再研究。后来冯铨、谢升、洪承畴等人向他回奏说：祭祀郊庙及社稷仪式中所用的乐章，历代取名不同，如"梁用雅，北齐及隋用夏，唐用和，宋用安，金用宁，元宗庙用宁、郊祀用成，明朝用和"，"本朝削平寇乱，以有天下，拟改用平字"。多尔衮同意，奏乐事解决了。

即位大典上不能不追念祖先，尤其是一些开国创业的祖先，因此多尔衮又让官员研究这方面的问题。由于太祖努尔哈齐、太宗皇太极的遗体都葬在沈阳，于是决定把他们以一种象征的方法引到北京来，以便祭祀。他们依汉人办法，在太庙中为先祖先妣们建立灵位，作为对他们灵魂的供奉。九月二十七日，北京的满洲官员又举行了太祖、太宗以及后妃等宗人的神主奉安太庙典礼，官员们"每阶一揖"恭敬从事，赞读祝文叩头行礼如仪，庄严而又隆重。

传统中国很重视新朝代应制新历法，一方面表示其政权与天地同时运行无阻，同时也让属国与臣民"奉正朔"，有接受统治之意。多尔衮在福临来北京之前就命令更定新名新历，后来他又指示："今用新法正历，以敬迓天休，诚为大典，宜名时宪历，用称朝廷宪天义民至意。自明岁顺治二年为始，即用新历，颁行天下。"

登基礼乐决定了，祖先神主奉安了，特别新历告成了，只待十月初一日大喜日子的来临。

当天一早，曙光刚穿映到京城，福临穿戴一新，内院官员便来奏请皇帝先到南郊，告祭天地。福临在仪仗队开路与侍卫军队的保护下，来到了天坛，他下辇步行，由导引官引至天坛中央的圜丘，肃静地站立，典仪官、赞乐人以及诸王、文武百官也都各就各位，等待吉时举行大礼。不久之后，典仪官赞迎神，协律郎奏迎神乐，福临在乐声中依赞引官的导引至神位前，上香、行四跪四叩首礼、献玉帛、献爵，再到读祝所读祝文。祝文里先叙述了他的祖父努尔哈齐"建立丕基"、父亲皇太极"开国承家"的伟业丰功，谈到他即位事时，他说：

> 臣钦承祖宗功德，倚任贤亲，爰整六师，救民水火，扫除暴虐，抚辑黎元，内外同心，大勋克集，因兹定鼎燕京，以绥中国。臣工众庶，金云神助不可违，舆情不可负，宜登大位，表正万邦。臣祗荷天眷，以顺民情，于本年十月初一日，告天即位，仍用大清国号，顺治纪元，率由初制，伏惟天地佑助，早靖祸乱，载戢干戈，九州悉平，登进仁寿，俾我大清皇图永固，为此祈祷，伏惟歆飨。

祝文读完之后，福临与王公大臣们一同再向天地行礼，经过亚献礼、终献礼、撤馔、送神、焚祝帛等等程序。皇帝又到更衣所，换上黄袍，南向独坐，文武官员侍立，大学士刚林捧着皇帝专用的"大宝"，代表大家上奏说："皇帝已登大宝，诸王、文武群臣不胜欢忭。"接着百官行三跪九叩首礼，礼毕之后，福临也走到专用礼车之处，乘上车辇，由卤簿为前导，进入大清门，至此，祭天典礼结束，福临也正式成为受天之命的真龙天子。

福临跟他父亲皇太极一样，当上国家统治者都举行过两次即位大典。皇太极在天命十一年（公元1626年）他父亲努尔哈齐死后，继承后金大汗时，曾在沈阳大政殿具法驾、设卤簿、祭堂子、焚香告天，以天聪为年号，即大汗之位。天聪十年（公元1636年）又因获得历代传国玉玺，在各族大臣"劝进"下，他"勉从众议"地接受尊号，改国号为大清，改年号为崇德，再一次在沈阳即皇帝位。大清皇朝由是建立，以前之大金或后金是大清的前身。从清史的意义上说，皇太极即帝位具有开国的意义。福临在崇德八年（公元1643年）他父亲皇太极死后继承大统，即帝位，是一般父死子继的皇朝延续。第二年即顺治元年迁都入京，似乎没有再办即位大典的必要，为什么还如此隆重地再举行一次呢？

这个问题我想我们应先从当时全中国的情势上看。清朝虽已占领了北京，但天下尚未统一，而且称帝称王的人还很多。北京是几百年来的古都，具有国家政权象征的意义，据有的人就得到了国家的统治权。为了证明顺治皇帝以北京为国都，继而征服天下，福临来北京不能不办一次大场面的风光典礼，表示清朝已成了北京的合法继承者。另外从多尔衮等劝进以及顺治皇帝降旨同意第二次即位的文字中，我们可以看到"表正万邦"、"四海归心，万方仰化"、"廓清敉宁"等字句，显然都是与一统天下、肯定全国合法统治权有关。尤其是"仍用大清国号，顺治纪元，率由初制"一语，充分说明第二次即位是因应新形势而不是新建国家。

十四

大封功臣、颁即位诏

　　福临既然第二次举行即位大典，登大宝后当然也要大封功臣一番，并颁降诏书，说明他当皇帝后的施政方针。

　　十月初三日，顺治皇帝认为清兵入关，定鼎北京，多尔衮的功劳最大，因而命令礼部尚书郎球、侍郎蓝拜等人为多尔衮树碑立传，记下他的功勋，以传后世。初十日，又封多尔衮为叔父摄政王，赐册宝及嵌十三颗珠顶黑狐帽一、黑貂裘一、金一万两、银十万两、缎一万匹、鞍马十、马九十、骆驼十。赏赐之厚，实不多见。同时还赐多尔衮册文一道，文中先提到多尔衮征蒙古、打朝鲜的功劳，"攻城必克，野战必胜"。在皇太极死后，他又辅佐福临登基理政，"功德高于周公"。而且这位"义无隐情，体国忠贞"的叔父忠诚地拥立年幼的新君，甚至处分了宗室中图谋不轨之人，使关外的大清皇朝政局安定。最后谈到多尔衮率兵入关打败流民军，取得北京，迎接福临来京膺受大宝的事，认为这些功绩都是"周公所未有，而叔父过之"的。这样一位有殊勋的人，当然应该褒显，为他建碑纪绩，"用垂功名于万世"。

　　同月十三日，顺治皇帝又在皇极门加封和硕郑清王济尔哈朗为信义辅政叔王。同一天又恢复了肃亲王豪格的爵位。阿济格与多铎两兄弟也由郡王升为亲王。贝勒罗洛宏、硕塞升为郡王。吴三桂也赐封为平西王，赐银物，颁册文："大功茂著，宜膺延世之赏，永坚带砺之盟。"另外孔有德、耿仲明、尚可喜等人也分赐鞍马等物。

十月十七日，顺治皇帝又在皇极门封固山贝子尼堪、博洛为多罗贝勒。辅国公满达海、吞齐、博和托、吞齐喀、和托、尚善升为固山贝子，赐之诰命册文。同一天又定诸王、贝勒、贝子、公俸禄：摄政王三万两，辅政王一万五千两，亲王一万两，郡王五千两，贝勒二千五百两，贝子一千二百五十两，镇国公、辅国公为六百二十五两。同月二十四日，又定摄政王冠服宫室之制。三十日再定诸王、贝勒、贝子、公等冠服宫室之制，给满洲贵族人等都做了最好的升官发财安排。

顺治皇帝不仅在即位后就让宗室王公得到巨大利益，他也考虑到入关有功王公将士们以及随军来的众多"东来人"的酬庸与安置问题。这些人放弃了辽东老家的土地产业，从龙入关，总不能没有赖以生产的土地与安身的住房。福临在顺治元年（公元1644年）底因而颁布了"圈地令"，命户部调查明朝皇家成员与太监当年拥有的土地，经战乱而变成无主的荒地，用这些没有主人的荒地圈拨给"东来人"，作为安顿之资。这项"圈地令"原本也无可厚非，只是后来户部等有关人士没有正确地按需求与规定执行，以致成了清初的一大弊政。此事因内情复杂，这里暂且不作申论，容待以下章节再谈。

以上是对八旗人等所做的工作，在安定本身与团结内部力量上，肯定是有帮助的。现在再来看看顺治皇帝即位后对统治国家与未来发展方面，究竟他有哪些计划。顺治元年十月初十日的即位诏书中他提示了不少，例如：

第一项：对有大功的亲王、郡王及其子孙"宜加殊礼"或"应得封爵"。有汗马军功的八旗大臣也应加封世爵。这就是以上大封功臣的依据。

第二项：除十恶至死者不赦外，"其余已发觉、未发觉、已结正、未结正，罪无大小，咸赦除之"。只是有些贪官不赦。

第三项："国之安危，全系官僚之贪廉"，顺治元年五月初一日以后的一切贪官都"不在赦例"。征聘隐逸人才时，"不系贪酷犯赃"的才能推荐。官员征收钱粮时，"凡分外侵鱼，秤头火耗，重科加罚，巧取民财者，严加禁约，违者从重参处"。由此可见，入关之初极重贪官之惩治。

第四项：除三饷悉行免除外，"其大兵经过地方，仍免正粮一半。归顺地方，不系大兵经过者，免三分之一"。各直省拖欠钱粮，顺治元年五月初一日以前的"尽行蠲免"。因兵民分城居住而迁徙之京师官民，其田地租赋蠲免三年。京中居民房屋被人分住的也准免税一年。京师行商车户等役之佥派永行豁除；盐税只照旧额，蠲免各项加派；通免关税一年，顺治二年（公元1645年）元旦以后才按故明初额起税。各州县在前朝因兵祸全免钱粮者，仍予全免。鳏寡孤独、笃废残疾的穷人给予赈济，各府州县可动支预备仓粮。这一大项显然是减轻人民的负担。

第五项：明朝诸陵仍派人看守，拨给香火土地。各处帝王陵寝、名臣贤士坟墓有被毁发者，即与修理。神祇坛庙，各地官员应诚敬保护。孝子贤孙、义夫节妇应建坊旌表。各地"山林隐逸之士，有怀才抱德，堪为时用"的应"据实举荐"。这是尊重汉族及其文化的措施。

第六项：恢复科举考试，按明朝旧例于辰戌丑未年举行会试，子午卯酉年举行乡试。各处府州县儒学食廪生员，仍准给廪。前朝文武进士、文武举人，仍可以经核查后录用。这是安定知识分子的良策，让大家都有打入政治圈与官场的机会。

第七项：品官有三母三妻的，照前朝覃恩事例，俱准封赠。前朝勋臣及子弟，有倡先投顺仍立功绩者，与本朝诸臣一体叙录，应给封诰，照例颁给。

第八项：在京锦衣卫及在外卫所官员，已经归顺者，俱准照旧供职；战乱时私带在官兵丁马匹回家者，准将原兵原马，照数交官，前事免其追论。另外山陕等处军民人等，"昔被流寇要挟，今悔过自新、倾心归化"的概予赦宥。直省各州县土寇胁从已归农或自首者，赦其前罪。这是对前明武官及流民兵安抚与招降的措施。

以上是顺治皇帝三千多字即位诏书中的荦荦大者，相信从中可以看出赏功臣、赦罪犯、惩贪官、免租赋、仿汉制、平动乱等等有关的新政，当然这对当时局势的稳定、清朝向前发展等方面，都是有裨益的。

十五
平定"土寇"

福临在北京再度举行即位大典之后，表示了清朝已经代明有国，清朝已是合法的中央政权了。可是当时的清朝仅仅占有北京城及京畿一带的土地，大部分的中国都还不在满族的控制之中。山东、河南、山西几乎仍是政令不能及的所在，地方动乱频仍，"土寇"到处闹事，而李自成的大顺军与张献忠的大西军，也割据山、陕、湖广、四川很多地方。明朝宗室更在中国南方各地，建立不同政权，企图反清复明。当年的天下，真是大分崩的时代。

以顺治皇帝的名义统治而由多尔衮操实权的清朝，开始对多方分裂的势力着手处理，先看他们平息河北、山东、河南、山西等地"土寇"的情形。

清朝官方文书中的"土寇"，并不是地方上单纯的盗贼，他们有的是明朝的军队，有的是流民军溃散的士兵，也有的是地方乡绅组成的反清力量，还有些是真正的盗寇。当八旗军进入北京之初，河北昌平、三河等地就发生变乱，甚至有人在京师一带活动，他们切断煤的供应路线，一度影响北京城里的生活。到顺治二年（公元1645年），还有官员喊出"辇毂之下，盗贼窃发"的叹语。甚至到顺治四五年间，仍有人假托明熹宗太子或皇后起事，当然不久都被清朝大军平定了。

河北、河南的交界处，有大顺军残部与地方势力结合，攻城略地。大顺军将领刘守分建天定年号，后来东明（今山东）地方起事军又称天正年号，他们都纷纷对抗清朝，表示不受北京的统治。河北境内的宣化、蔚州一带又不断有事件发生，真如官员报告说的："饥民逃兵，啸聚为乱，不只一处。"多尔衮则以招降为先、用兵为后的方式，逐一平息了这些地方性的小股动乱。

山东除了鲁南兖、沂、邹、峄以及鲁北邹平、禹城等地的武装抗清外，还有几处规模较大的反抗势力。一是嘉祥满家洞宫文彩、李文盛等人指挥的人马，他们原是明末不满朝廷而起事的，清初他们则高举永昌年号的旗帜，转而抵抗清军。他们拥众数万，满家洞又有洞穴千余，一时让清军"望而却走"。后来经饶余郡王阿巴泰等先后派兵征讨，宫文彩等战死，乱事才平定。二是鲁中谢迁的高苑桃花山起事，他们占领淄州，建为基地，后来竟杀死带头剃发投降清军的江西招抚孙之獬，颇让清廷震惊。最后由山东巡抚张儒秀进兵攻打，才镇压下这股势力。三是以任七、梁敏等人为首的榆园军，号称百万大军，以山东濮州等地为基地，后来发展到河南。他们拥戴大顺政权。李自成撤走后，榆园军由反明转而反清，给予清军南下途中很大威胁。顺治五年（公元1648年），清朝兖西道标将李化鲸参加榆园军，声势更为壮大。后经济尔哈朗等率兵镇压，任七等首领先后战死，反抗军才被消灭。四是胶东一带于七等人的抗清。于七曾一度伪装降清，这股势力直到康熙元年（公元1662年）才彻底消灭。

河南的"土寇"事件也很多，如"宝来宋养气、新野陈蛟、商城黄景运等各聚数千人侵掠城邑"。豫西灵宝及豫东南罗山、新蔡一带也有事件发生。河南在明末就有流民军的动乱，后来参加李自成抗清队伍的人很多，流民军残部到顺治初年在开封、汝宁等地列寨数百，洛阳也列寨数十，分别以刘洪起、李际遇等为首领。顺治二年，他们与清军作战，有人战死，有人投降，像李际遇在降清后还为清军做进攻潼关的向导。河南各地的抗清势力，直到顺治后期才陆续被平服。

陕西的武大定占有固原；贺珍占汉中、兴安等府；孙守望则更奉明朝宗室为汉中王，与贺珍并力进攻过西安。清朝先后派孟乔芳、何洛会、吴三桂等军去镇压。顺治四年（公元1647年），孙守法兵败死去，势力大衰。洛南一带又有何侪山"以青衿倡乱"，聚众万余。延安等山区则有刘弘才抗清，并"恣肆剽劫"。明朝宗室也有起兵抗清的，尤其是姜瓖在陕西的反正，更形成全省的抗清热潮。陕西三边总督孟乔芳等以重兵镇压，到顺治十年（公元1653年），各地动乱才逐渐平息下来。

山西的"土寇"问题比较严重，最初以吕梁山为基地。清兵入关后，当地人民多起而从事抗清活动，顺治二年有李俊等在岚州、德州一带"逼胁男壮，增添伙类，日肆横行"。六月间听到剃发令，便"乘机造乱，鼓惑乡民"，以拒不剃头反清，同时起事的还有交城、阳曲、盂县等地。顺治五年，清廷为防预各地叛乱，下令不许蓄养马匹，严禁生产、销售刀枪武器，更激化了山西全境人民的抗清斗争。后来山西巡抚祝世昌以优势重兵镇压，方得平息。同年十二月，大同总兵姜瓖树旗叛清，全省再为之震动，浑源、太原、汾州、泽州等处"竞起应瓖"，其他地方也有奉永历年号，拥护明朝宗室的，抗清活动再达高潮。同时更令反清人士鼓舞的就是山西不少驻防清兵也望风反叛，使情势更形危急。清廷随即命郡王尼堪等进兵太原，顺治六年（公元1649年）二月间，多尔衮再出兵征讨大同叛军。另外郡王博洛与郡王硕塞的大军进兵代州。七月间更增兵发动全面攻击。大同一城经清军长期围困，粮尽援绝，内部离心。八月，姜瓖部将杀姜瓖，献城降清。其他各地清军也连战胜利，山西"土寇"等的抗清势力不久就被消灭。

从以上简要叙述中，相信可以看出清朝入关后的险恶环境，统一全国实在不是容易的事。而大顺军、大西军、南明多处政权，更是统一之途中的大障碍。多尔衮显然把地方武装反抗政府看成是边缘力量，是统一行动中比较容易解决的问题，因此他决以全力先清除这些动乱。

剿平流民大军

　　山海关大战后，李自成仍有相当大的实力，多尔衮很了解这一事实，所以当他知道大顺军撤离北京时，他随即命令阿济格、多铎、吴三桂等人率领大军继续向西追击李自成，而自己只带了为数不多的人马进入北京。

　　大顺军撤出北京后，由于携带财物太多，"负重不能驰"，大军行进不快，加上沿途遇到地方势力的袭击，撤退行动不很顺利。例如在涿州就被明朝旧臣冯铨、宋权等人组成的地方流民兵攻击，"城头炮石齐加，矢飞如雨"。一说李自成在这次战事中受了伤。顺治元年（公元1644年）五月初二日，清朝追兵赶上了大顺军，双方在保定发生激战，大顺军遭败绩。初四日，李自成在真州与吴三桂大战，互有死伤，大顺军因此能从容进入山西。

　　李自成退入山陕后，即计划恢复失地，他"始而驱迫百姓运粮，……又每地一亩派银五分，追比急如星火。又按亩征解阔布，花缺布贵，敲扑就毙人相枕藉。又科派雕羽以充箭翎，……乃至死鸥一只，费银十两有余。又派打造盔甲，种种诛求，总欲置民死地。……"可见大顺军已在做一切战备与物资上的准备了。

李自成当时的战略以关中为基地，以攻为守，他派出军队西征甘肃，南取汉中，并与张献忠一度在四川作战。清朝则派出两路大军进攻山陕，先攻陕西，以阿济格为靖远大将军，会合吴三桂与尚可喜的兵力为北路军，自大同边外进攻榆林、延安，由陕北南下西安。另一路大军原先是以南明福王在南京的政权为目标，以多铎为定国大将军，会合孔有德、耿仲明的军队一同南下；后来奉旨东征怀庆的流民军，得胜后追蹑其后，自南路直扑潼关，与北路军定在西安会师。两路清军的攻势猛烈，使李自成腹背受敌，而流民军又因战线太长、兵力分散，因此守不住清军的攻势。

北路清军进入山西后，先在太原、汾州等地取得突破，加上姜瓖、唐通等流民军首领叛变降清，瓦解了不少李自成的士气。后来大顺朝宁夏节度使陈之龙又叛变，使山陕形势对流民军极为不利。

顺治元年底阿济格一路军在山陕逐步取得胜利成果时，多铎的大军也自怀庆转陕州、灵宝而沿黄河西逼潼关，潼关的安危对李自成极有军事上的重大意义，因此他亲自领兵到前线作战。同年十二月二十九日，潼关大战爆发，大顺军采守势，由刘宗敏、刘芳亮等将军在关外依山扎营防守。清军先由步兵出击，再由骑兵冲锋，双方激战多日，直到第二年即顺治二年（公元1645年）正月十一日，大顺军终因后援不继，退守关口，清军再以红衣大炮轰击大顺军，最后于正月十三日攻下潼关城，大顺官兵死伤惨重。潼关陷落，无异是使西安打开了门户。两路清军于是夹攻西安。李自成无法阻挡，只得放弃西安，逃往汉中，自商洛山区南逃江、汉。多铎率南路军西取西安，阿济格则统领北路军继续追击大顺军残部。

李自成自潼关兵败，弃守西安后，即率兵东下武昌，当时他还有部众数十万。他决定分兵取河南、湖广等地，并计划自己率主力东征九江，进一步沿长江直下南京。同时他也有意和张献忠再次合作，联合抗清。可惜事与愿违。当他于这一年的二月间由河南辗转行军入湖北时，一路上与清军又发生遭遇战八次，八战皆北，损失很大。其中以四月下旬在江西九江的一次战役，更是惨败。大将刘宗敏遇害，宋献策、左光先等降清，牛金星也偷偷离开大顺军，潜逃到襄阳，李自成已是众叛亲离、实力大减了。

同年五月初，李自成途经湖北通山县境内的九宫山，为了探测地形，他率领了几十人前往，不料在途中遭到当地程九伯的地方武力袭击，李自成被杀，他的随从被杀或逃散，大顺军的其他将领也树倒猢狲散地各奔他处，有些人后来成为南明抗清的主要成员。

有关李自成的死，后世人发现不少问题，也提出不少新的说法，现在就略述如下。

参与消灭大顺政权的清朝大将军阿济格曾向中央报告了李自成死亡消息，他说：

> 贼兵尽力穷，窜入九公（宫）山，随于山中遍索自成不得，又四出搜缉。有降卒及被擒贼兵，俱言：自成窜走时，携随身步卒仅二十人，为村民所困，不能脱，遂自缢死。因遣素识自成者往认其尸，尸朽莫辨，或存或亡，俟就彼再行察访。

这是阿济格的自缢说，但留下一个"尸朽莫辨"的疑问。顺治二年七月阿济格班师回朝时，又说"自成逃窜，现在江西"，这就更说明李自成未死了。乾隆朝修成《明史》时，又有"自成脑中锄死"的说法，即李自成被村民袭击中脑而死，不过"验其尸，朽莫辨"。可见清初以来百余年间，清廷也不敢说李自成在当时确实死在九宫山。

由于清代官书的不确定论，后来便引起众多推测，就官修正史与私家著述、地方志书，提出约有四十多种看法。以死因来说，有病死、击毙、自缢、被神殛死等说。以死地来说，也有通城九宫山、罗公山、通山九宫山、黄州、湖北、走死楚中等十多种记述。以死亡时间来说，更有顺治二年四月、五月、九月以及顺治三年、康熙初年的不同，真是众说纷纭。尤其有趣的是另有人认为当时李自成未死，而隐居偏僻山区出了家。持这种说法的还不止一人，如乾隆朝湖南澧州知州何璘就说他经过调查，确认自成没有死于九宫山，而是在湖南与贵州交界处山林中的一座禅寺出家为僧。又有抱阳生所写的《甲申朝事小纪》一书中也提到："凡载李自成死于通城九宫山，谬也。"并说有一位名叫张琼伯的同知官，亲耳听到湘黔边境一所山中寺庙的僧人对他说："吾师即闯王李自成也。"至于在九宫山被村民困死的人则为"孙某者愿代死"，不是李自成本人。这是李自成隐居夹山寺的由来。其后地方志书如《石门县志》、《澧州志林》、《广虞初新志》、《续修米脂县志》等等，都写下自成未死而出家之说了。

20世纪以来，李自成的"生"与"死"，即夹山寺为僧与九宫山被杀两说引起热烈争论，夹山禅隐一度被认为极有可能，并得到不少文字与实物的证据。不过不少学者还是认为直接证据不够充分，有些解释也略嫌牵强，我也只能走笔至此，并存诸说，希望有更多更好的证据出现，重建历史的真相。

明朝末年，国内流民动乱多起，其中以李自成与张献忠所领导的势力最大。崇祯十七年（公元1644年）正月，李自成称帝于西安，后来又带兵直攻北京，逼使崇祯皇帝自杀。张献忠则于同年正月沿长江而上，大举攻入四川。六月克重庆，八月下成都，先后杀掉明朝的端王与蜀王。十月十六日，张献忠定成都为西京，建立大西政权，诏民间称他为"老万岁"。张献忠称帝后，建立各级政府，铸币造历，开科取士，并派大将孙可望、李定国、艾能奇等带兵四处攻打州县，使四川全境都能在他控制之中，也颇有开国的新气象。

然而，张献忠不是一个好的领导人，建立政权后不久，因为面临南明、清朝与地方势力的多方反抗与压力，他竟实行了疯狂屠杀的报复措施。从顺治二年（公元1645年）七月进行第一次屠杀，四川百姓"膏锋刃者，男妇不下四五百万"。同年十一月又杀害一批为数可观参加"特科"考试的儒生以及成都城里的居民。第二年正月又大杀"川丁"，"不论男妇，尽杀"。其后又派兵到成都府属三十二州县进行杀人比赛，据说各地被杀的"尸骸山积，臭闻百里"。尤其可怕的，他命令大批士兵，装扮成乞丐、商贩、医卜等人，深入民居街巷，监听不利于大西的言论，巡查不轨行为，如涉及当政者或有不敬语，立即逮捕严办。在他的统治下，四川不少大城，都成了黑暗的恐怖世界。

张献忠如此地屠杀良民，引起明朝旧臣与地方士绅的痛恨，"一时四方兵大起，揭竿纠集"，到处找大西地方官报复，"或刺于庭，或投之水火，一时殆尽"。顺治三年（公元1646年）春末，前明参将杨展又夺川南州县，锐师北指，结果与张献忠会战于彭山的江口，张献忠战败回成都，杨展再率师进逼成都。七月间，张献忠弃成都而向川北转移，最后到西充凤凰山驻守。

清朝方面对张献忠原本了解的不多，同时早期又忙于对付李自成与南明福王政权，所以没有把解决大西的事列入计划。

顺治二年春，清朝陕西总督孟乔芳写信给大西朝川北巡抚吴宇英，"令其说张献忠投降"。闰六月，多尔衮进一步关心张献忠的活动情形，向大臣打听大西领袖的所在。七月间，清朝湖广总督佟养和又派人到四川招抚张献忠，也无结果。这年冬天，南明福王在南京的政权已被清军打垮，李自成也不成威胁了，多尔衮乃命令驻防西安的内大臣何洛会为定西大将军，前往四川，"征讨叛逆"。同时清廷也以顺治皇帝的名义颁降诏书，说"张献忠前此扰乱，皆明朝之事"，"张献忠如审识天时，率众来归，自当优加擢叙，世世子孙永享富贵，所部将领、头目、兵丁人等，各照次第升赏"。又有谕旨说："凡文武官员、军民人等，不论原属流贼，或为流贼逼勒投降者，若能归服我朝，仍准录用，傥抗拒不服，置之重法，妻子为奴。开城投顺者，加升一级，恩及子孙。有能擒献贼渠将佐者，论功优升，永同带砺。"可见多尔衮用了剿抚兼施的策略来解决张献忠的问题。

何洛会后来因西安等地发生抗清动乱，多尔衮改派肃亲王豪格为靖远大将军，率领重兵经陕西入川。正在这紧急时刻，大西军的都督刘进忠叛变，投降了清军，并愿意做豪格的向导，带兵进入川北。

刘进忠，陕西汉中人，是大西军中的一位高级将领，不过他在一次与南明的战争中，丢失了印信，受到张献忠的痛斥，将要给他处分。这时营中又传出张献忠要屠杀川兵，刘进忠的部下又以四川人为多，因此将士们都很恐惧，纷纷叛逃。刘进忠见事态严重，对自己相当不利，因而干脆投降清军了。他向豪格请求"救民水火，宜速不宜缓"。豪格同意了，乃急速进兵，顺治三年十一月二十六日，清军已抵达了西充附近，第二天即向凤凰山地区发动攻击。当天"寒冰凛冽，朔风刮面，平地雾起，目不见形状"。张献忠当时拥众数十万，直到清军迫近，他还不能相信。据清代官书记载：豪格命令护军统领鳌拜等分八旗兵先发，他本人统大军继进。张献忠猝不及防，仓卒应战，结果"鳌拜等奋击，大破之，斩献忠于阵"。同时又"破贼营一百三十余处，斩首数万级，获马赢（骡）一万二千二百余匹"。大西军经此惨败后，张献忠自身战死，部将孙可望、刘文秀、李定国、艾能奇等率兵南撤，经重庆、遵义转入贵州，日后在云南建立著名的将军政权，帮助南明永历帝继续抗清。

有关张献忠的死，清代官书《清实录》中说是被鳌拜在阵中所斩杀的。而《清史稿》豪格的传记中则说是被豪格亲自射死的。《明史·张献忠传》却又有稍异的说法：张献忠猝遇清兵于凤凰坡，"中矢坠马，蒲伏积薪下"，后来清兵"擒献忠出，斩之"。另外还有《小腆纪年附考》记刘进忠指明目标，善射者雅布兰一箭将其射死。还有一位在大西军中的西洋传教士写的记事中说：张献忠"至一小岗上，正探看之际"，"突然一箭飞来，正中献忠肩下，由左膀射入，直透其心，顿时倒地，鲜血长流，献忠在血上乱滚，痛极而亡"。

张献忠的死尽管有被斩杀、被射死以及先中箭后被斩的种种不同说法，不过他确实是在与豪格的战役中死去的，而更能确定的事，是随着他的死亡，大西政权也走进了历史。

十八
征讨南明诸王

李自成攻陷北京，崇祯皇帝自缢殉国，南方的明朝宗室与官绅为对抗清朝，恢复明室，重建了几个政权，历史上称为南明，以别于在北京的北明。

南明的第一个朝廷是以福王朱由崧为首，年号弘光。弘光朝建立在南京，由一批北明遗臣拥立朱由崧而形成。不过当时的大臣中还闹着东林与阉党的斗争，阉党为便于控制立了昏庸的福王，东林则主张应立贤能的潞王朱常淓。双方从开始就不是一心一德为恢复明朝大业工作。

阉党拥立的福王政权在多尔衮进入北京的同一天成立，当时还颇有实力，控制地区也很广大，包括黄河下游以南、武昌上游的长江以南的半壁江山，人力与物力资源也比大清、大顺、大西为丰富。不过这个政权的统治是极为腐败的，除了卖官鬻爵、贪污纳贿、横征暴敛、严重内讧外，主事大臣马士英、阮大铖等又恼怒了众多不享有优免特权的缙绅，他们本是"庶民之富者"或是"豪民"，国家税赋多由他们负担，弘光朝却没有重视他们、善待他们，以致引来他们的反抗。

军队本来是捍卫政权的重要力量。马士英等先欺骗、再排斥史可法，破坏了弘光朝的第一座抗清长城。后来又有"童妃案"、"伪太子案"等的纷乱发生，驻防长江西段的军阀左良玉以"清君侧"为名，带兵东下攻南京。党争变成内战，自己耗损力量，弘光朝如何不亡？

清朝定鼎北京后，推行不少蠲税减租、清理地亩等笼络地主与农民的政策，弘光朝则倒行逆施，官民对立的情势激化了起来，因而引起了不少地方的变乱。如江阴县人民有"抢掠焚劫，杀人如草"的；太仓县百姓"各置兵器，先造谣言，谋于八月中大举"；嘉定县"沿海不逞之民，多结党伺衅，……酒佣灶养皆起为乱"；海宁有"大家奴乘间煽诸毒怨于大家者，揭竿起"的；安徽也有"奴变"发生，平民都想穷人大翻身，因而江南各地可谓处于割据动荡之中，社会极不安宁。

弘光朝的君臣是不是尽心尽力地从事复国工作呢？答案是令人失望的。他们继承了前明的腐朽与黑暗，君昏臣暗不说，大家还纸醉金迷享乐生活，福王朱由崧不孝顺、不读书、虐待属下、贪婪无度、酗酒淫乐，可以说一无是处。马士英等只知斗争弄钱，并无重整光复的拼斗精神。当时南京有"相公只爱钱，皇帝但喝酒"的传言。马士英等人又以助饷为名，除卖官外，又准许考生纳银得功名，而得银又多纳入私囊，因此时人作了诗词来讽刺他们。如有人作歌谣云：

　　中书随地有，都督满街走。监纪多如羊，职方贱如狗。
　　荫起千年尘，拔贡一呈首。扫尽江南钱，填塞马家口。

另有《西江月》词也很传神，词为：

　　弓箭不如私荐，人才怎比钱财！吏兵两部挂招牌，文武官员出卖。
　　四镇按兵不举，东奴西寇齐来。虚传阁部过江淮，天子烧刀醉坏。

这些文字都是当时实情的写照。

顺治二年（公元1645年）二月，攻占了陕西的清军分为两路，一路追击李自成，一路由多铎率领进攻江南。三月下旬，多铎大军攻下弘光朝的中原重镇归德，不久兵逼淮河流域，四月十八日更南下抵长江一带，包围了孤立无援由史可法坚守的扬州城。四月二十四日，清军以红衣大炮猛轰扬州，次日城陷，史可法殉国。五月初当清军已抵长江北岸情势危急时，福王仍在醉生梦死中，"以演剧，未暇视朝"。初十日，福王奔安徽太平府，马士英则逃往杭州；十五日，南京城中的文武官员开门降清，弘光小朝廷历时一年的光景便灭亡了。

南京城陷后，福王不多日即被清军擒获，押送北京，第二年被斩于京城宣武门外的菜市口。顺治二年六月初八日，原先居住杭州的"贤藩"潞王被众臣拥戴，举为监国。不过这位新领袖很令人失望，他只监国了五天，便投降清军了，令不少忠臣志士为之气短。

闰六月初七日，黄道周、郑芝龙等拥立唐王朱聿键于福州，二十七日即皇帝位，改明年为隆武元年。另外几乎在同一时间，张国维、张煌言等人又拥立鲁王朱以海于绍兴，继续反清复明的工作。

唐、鲁二王建立政权时，国内情势已大为转变。广大的西北与长江中下游地区均由清军控制，而清廷也改变了入关时的缓和政策。当扬州陷落时，清军纵兵焚杀淫掠，屠城十天，造成"扬州十日"大惨案。同时又重申剃发严旨，使汉人丧失自尊心，因此各地"纷纷起义师"反清。唐、鲁二王也大张抗清旗帜，以号召并结集人心，一时二王的活动能迅速地得以展开。隆武政权曾在湖广联合过大顺军残部，在江西也抗击过清军，一时颇有振兴的气象。鲁王政权也在顺治二年七月至三年四月间，先后收复富阳、分水、于潜等县，并先后三次进攻杭州，实属难能可贵。不过唐、鲁二王不但不能合作，反而恶交互斗，内耗实力，让清朝坐收渔人之利。顺治三年（公元1646年）二月，清廷命博洛为平南大将军，统兵征闽浙。六月初二日，清军攻得鲁王政权首府绍兴，鲁王逃亡海上，其他文武大臣非死即降。鲁王后来虽得郑彩、张名振、张煌言、郑成功等人保护支持，到顺治十年（公元1653年）三月，他自去监国，政权随之不存。博洛在败鲁王后，立即挥军南下，扑向福建，郑芝龙见清朝势盛，投降了清军，为福建打开了门户，八闽防务也因之瓦解。同年八月二十八日，隆武帝逃亡途中，在汀州被清军捕获，押回福州处死，其政权就此结束。

隆武帝遇害殉国后，两广方面的明朝遗臣遗老丁魁楚、瞿式耜、王化澄等人拥立神宗的孙子桂王朱由榔于广东肇庆，十一月十八日称帝，改明年为永历元年。当时南明的实力只能控制广西、云南、贵州三省及湖广、广东的一部分，清廷很轻视他们，只派了汉军孔有德、耿仲明、尚可喜等带兵进逼，以防扩大。其时又有人立隆武帝之弟唐王朱聿𨮁于广州，改元绍武。桂、唐二王互不相让，终于发生宗室战争，结果清军攻入广州，绍武帝等自杀，政权只在四十天间就被消灭了。永历帝在广东也不能立足，便逃往桂林，后来又到处奔波，从顺治三年冬到五年春，他在粤、桂、楚三省间不断逃难，一筹莫展。

然而，就在此时，国内形势发生不少变化，使永历小朝廷出现了生机。在顺治五年（公元1648年）的一年当中，前明与大顺等降清武将，因投降后待遇不佳，特别是被升赏的官位不够高，他们又纷纷倒戈，如左良玉部将金声恒为清朝平定江西后只得到提督总兵官一职，大为不满，于正月举兵叛清。同年四月，广东提督李成栋大力为清朝镇压江浙反剃发官民，又俘绍武、追永历，但未得两广总督的职位而生怨心，终而决意叛清投效南明。同时湘西一带也陆续有人"反正"。更使清廷感到不安的是山西大同总兵姜瓖也在十二月叛清，晋北、晋中各地也望风归附。其时永历帝已能控制两广、贵州、四川、湖南，而江西、山西大部分也成为南明领土。北方也有地方动乱发生，清廷确实再面临到严重的挑战。

多尔衮见情势转变，乃再度重用满蒙大军，分批南下。顺治五年四月先派亲信谭泰率兵往江西讨金声恒、李成栋，结果金声恒在南昌被困八月后自杀死。李成栋也在逃亡时坠马溺死。同年九月，济尔哈朗带大军到山东讨榆园军，得胜后再赴湖南征何腾蛟，一路也多有战功。十二月，阿济格往征山西姜瓖，不久多尔衮又亲自出马，出征山西。姜瓖在大同被部将所杀，部下献城降清，山西局势也得平定。而此时南明宗室中又发生内讧，四川的朱容藩在夔州自称楚王，后改吴王，置行台、封官爵，结果与永历帝发生战争，而战争继续至顺治六年（公元1649年）才告终，四川也因内斗而被清军复得。经过清军的大肆征伐，永历帝的实力大减，又开始逃亡生涯，而所能依赖的只有大西军残部孙可望与在东南沿海抗清的郑成功。

孙可望等大西军将领在张献忠死后，曾攻下重庆，后来他们南下贵州，与南明取得联系。不过他们只"扶明讨逆"，自己却建立将军政权；其后在云南又采用"建国不建统，纪年不纪号"的方式，孙可望称东王、李定国为安西王、刘文秀为抚南王、艾能奇为定北王，而孙可望又称"国主"，设六部、寺、院等官，俨然又是一个朝廷。

永历帝生性庸懦，"非拨乱之才"，得不到孙可望等人的全力拥戴。顺治六年至八年间，永历朝与将军政权曾进行七次合作谈判，但始终没有得到好的结果，问题还是出在大家心怀偏私、目光短浅。尤其永历政权不尊重张献忠，不愿改革积弊，并且要完全的领导权，视孙可望等为下属，这使将军政权中人甚为不满，因此谈判双方都不满意。孙可望等为了用永历为号召，在顺治九年（公元1652年）把逃亡的永历君臣五十多人安置在黔桂交界的小城安龙，而他自己却在贵阳取代了军国大政之权。后来他拟国号为"后明"，自改"赐姓"并且宗庙中奉祀朱元璋，显然这是他想强化自己的声望，以朱明为号召。可是他又排斥"诸王"，先后杖责过李定国，革去刘文秀的兵权，造成自己内部的不安。而李定国在对清战争中，攻克桂林时令定南王孔有德自杀，在湖南衡州大战设伏杀死满洲谨亲王尼堪，"两蹶名王，天下震动"。孙可望由嫉生恨，设计想杀害李定国，结果导致孙李内讧。顺治十三年（公元1656年）正月，李定国攻破封锁，到

68

达安龙，救永历帝出险，并护送至云南昆明，从此孙可望与李定国决裂。第二年八月，孙可望竟集大军十四万攻云南，不料孙军中有将领阵前倒戈，孙可望乃逃回贵州，再辗转入湖南，于十一月间在宝庆投降了清军。

顺治十五年（公元1658年）三月，清朝派贝子罗托为大将军，与经略洪承畴由湖南攻贵州，平西王吴三桂等带兵由四川也向贵州进发。七月间，清军连陷遵义、贵阳、独山等地，后会师入云南。十二月间，防守的李定国不敌，乃护送永历帝离昆明西走。第二年二月，李定国战败，而永历帝于事前先逃奔入缅甸，从此二人失去联络。顺治十八年（公元1661年）底，缅甸将永历帝及其眷属交给清军。康熙元年（公元1662年）四月初八日，吴三桂缢杀永历帝于昆明。李定国后闻讯，悲愤不已，继而发病，于六月二十七日在猛腊去世。李定国生前曾想与郑成功结盟反清复明，惟未能实现计划。他矢志抗清的精神也很值得人尊敬。

永历帝的死亡也标志着南明抗清运动全部失败，只有郑成功一家的势力仍在台湾高举永历旗帜，继续抗清。

十九
圈地、投充、逃人法

　　清朝定鼎北京后，大顺军、大西军、南明诸王确实都是可怕的死敌，皇朝要安稳地存在，就非解决这些问题不可，所幸在多尔衮等人智慧地处理下，以上这些问题都先后办好了。可是满洲本身也不安静，八旗人等并非全然付出而不作要求。早在皇太极时代，就有人抱怨说："昔太祖诛戮汉人，抚养满洲。今汉人有为王者矣，有为昂邦章京者矣。至于宗室，今有为官者，有为民者，时势颠倒，一至于此。"入关以后，仍以八旗为先锋，而大家又抛家弃财地来到北京，政府当然要为他们做安排。宗室诸王以及八旗重要长官都在福临入北京即位后得到了封赏，但众多八旗中上级官员与属下人也不能不予以酬庸与安置，否则不能确保八旗将士的效忠与战斗力。

　　在清太祖努尔哈齐时代，曾经将辽沈一带无主的汉人田地分给八旗将弁兵士，即所谓的"计丁授田"政策，每丁三十亩，这是"圈地"的由来。满清入关后，明朝宗室、太监与一些大地主因战乱死亡或逃亡，出现了很多无主的荒地。多尔衮等视为可以仿照关外的旧制，圈占荒地，以安置入关的八旗属人。顺治元年（公元1644年）十二月初五日，清廷先下令

"清察（查）无主之地，安置满洲庄头"。二十三日，多尔衮正式发布圈地令说：

> 凡近京各州县民人无主荒田，及明国皇亲、驸马、公、侯、伯、太监等死于寇乱者，无主田地甚多，尔部（指户部）可概行清查。若本主尚存，或本主已死而子弟存者，量口给与，其余田地，尽行分给东来诸王、勋臣、兵丁人等。……然此等地土，若满汉错处，必争夺不止，可令各府、州、县、乡、村满汉分居，各理疆界，以杜异日争端。

从多尔衮的这份命令文字看来，他只是想利用无主荒地分给八旗官兵，并无横夺民人田产之嫌。同时他又顾到满汉日后会有纷争，所以令各地"满汉分居，各理疆界"，似乎还算是合情理。不过各级官员后来在具体执行圈地时，并未按照原定政策，他们在很多地方不分有主无主，径自圈划，"圈一定，则庐舍、场圃悉皆屯有"，甚至当时还有人写下如此的文字：

> 圈田所到，田主登时逐出，室中所有皆其有也，妻孥丑者携去，欲留者不敢携。

如此圈地，当然变成了一场灾难。

顺治元年底的这道圈地令，似乎还仅限于京畿一带的无主荒田。随着八旗将士与属人奴仆等的不断入关，以及关内对反清人士用兵的节节胜利，这种酬庸式的圈地也就不断地进行，地区也由京畿扩展到山东、山西，甚至江苏北部地区。从顺治二年（公元1645年）初到四年，是第一次圈地高潮期，其后一直延续了二十年，到康熙以后才正式禁止。以顺治四年（公元1647年）的圈地情形来看，当年共圈了四十二个府州县的土地，总数高达四百万亩。有些地方经圈占之后，民地所剩无几，像河北蓟县，原额地为两万多亩，经几年圈地，民地仅剩三百五十亩，情形之可怕，可见一斑。

满洲贵族、旗人在政府野蛮而又公开的执行政策下占有了很多汉人土地，"广连阡陌"，生活富裕。而汉族农民失去大量土地而被强制迁居，造成"辗转流离"、"妇子流离，哭声满路"，许多人被迫参加反清行列。多尔衮有鉴于此，曾经下令户部设法补救，传谕各州县官员："凡民间房产有为满洲圈占，兑换他处者，俱视其田产美恶，速行补给，务令均平。"可是地方官却没有认真办理"拨补"他处土地给被圈失土地的人，有的地方草率从事，"退仅虚名"，有的则"拨附近军地补还"，"遂使良法美意不获实及，是被占者不毙于圈占，而毙于拨补也"。因此，补救措施也没有让人民得到实惠。

满族人本来不善农耕工作，而不少将吏又忙于出征，所得的大量土地需要耕种人手，多尔衮等又制定了一项政策，允许贫困失业的汉族人民，可以投身到"满洲之家"为奴，称为"投充资生"。满清政府一再强调民人投充，"原非逼勒为奴"，目的是"为贫民衣食开生路"，防其因贫而为盗，危及社会安定。顺治皇帝曾说："投充者，奴隶也。"汉人一经投充，即失去人身自由，命运由主人决定，甚至"本主愿卖者听"。其处境实在堪怜。不过当时投充汉人中，也有地痞无赖之辈，他们反借旗人主子为护身，在地方上欺压小民、藐视官员、为害乡里。还有一些原是地方上的中小地主，他们为逃避税赋，分享满洲贵族特权，带着土地去投充，当然他们的待遇比贫民投充者好得多。

绝大多数的投充汉民是生活无着的，他们真如奴隶一般地在旗人家受到凌辱与剥削，因此就有很多贫困投充者纷纷逃离主家，想另谋自由生活。逃人在满族主子看来就是财产丧失，他们逼着政府制定严厉的法案，为他们追回逃人并防止再发生逃人事件，逃人法就再度被强化了。

逃人法在关外就实施过，多尔衮等人入关也带来了原有的奴仆，发现有些汉人奴仆在到北京后逃离了，因而在顺治元年八月下令编制里甲制度时，就规定"凡遇盗贼、逃人、奸宄窃发事故，邻右即报知甲长，甲长报知总甲"，隐匿不报者，一体治罪。当时把逃人与盗贼、奸宄视为同类事件，足见对逃人的重视。后来推行圈地政策，投充的愈来愈多，而逃人问题也随着时间愈来愈严重，到顺治三年（公元1645年）五月，多尔衮在一次谕告兵部的文件中就说："只此数月之间，逃人已几数万。"可见为数之多。因此他命"更定新律，严为饬行"。不久以后，新法令出炉了，内容约为：

> 隐匿满洲逃人，不行举首，或被旁人讦告，或察（查，下同）获，或地方官察出，即将隐匿之人，及邻佑（右，下同）九家、甲长、乡约人等，提送刑部勘问的确，将逃人鞭一百，归还原主，隐匿犯人从重治罪。其家赀无多者，断给失主，家赀丰厚者，或全给、半给，请旨定夺处分。首告之人，将本犯家赀三分之一赏给，不出百两之外，其邻佑九家、甲长、乡约，各鞭一百，流徙边远。

除此之外，新法条中还规定地方官也要"以怠忽稽察之罪，降级调用"等等，可谓严格异常。据此可知：当时逃人法重点在严惩窝藏逃人的窝主以及窝主的九邻、甲长、乡约、地方官等，对逃人反而处罚较轻。逃人法真是令出必行，山东平度州有位名叫王木匠的人，早年被满洲兵掳去为奴；清兵入关后，他携带一妇女史氏从旗下逃出，返回老家，隐匿在儿子王大成家，事被发觉，报官。多尔衮对此案批示说：王大成就地处斩，其母与弟没官，发旗下为奴，家产抄没。王木匠及史氏则各鞭一百，归还原主。邻居九家及其他有关人都被流放边疆。这类案例很多，不能一一尽举。

顺治六年（公元1649年）三月，多尔衮感到处罚窝主过重，在不少汉人大臣上奏谏阻或请求下，他下令稍作减轻。他说：

> 今再四思维，逃人虽系满洲官兵功苦所获，而前令未免过重。自今以后，若隐匿逃人，被人告发，或本主认得，隐匿逃人者，免死流徙，其左右两邻各责三十板，十家长责二十板，地方官俟计察时并议，若善为觉察者，亦俟计察时议叙。

尽管逃人法的条文处分变轻了，但执行时对隐匿窝主的惩罚仍然太重、太残酷，甚至有时太不合理。因为所谓"窝主"不能一概论之，至少可以分为四大类：一是逃人的父母、妻子、兄弟、叔侄等至亲家人；二是好友、亲戚或有密切关系之人；三是旅店、船家、住户、商铺等因不知情而留宿、雇用、搭载逃人的；四是被奸恶歹徒诬陷的人。这些人当中有的是无法拒绝逃人的，而满族高层则始终认为不重罚窝主，"是助逃而空我满人也"。因此在多尔衮摄政，以及其后顺治皇帝亲政期间，逃人法中窝主始终是惩处主要对象，没有对他们手软过。

多尔衮入关时虽然做了不少抚顺舆情、收拾人心的工作，使满汉族群抗争得以缓和；不过他的圈地、投充、逃人法的实施确为不少受灾省区人民所痛恨。而更为当时所有汉人指为全国性弊政的，则为剃发的政令。

二十
颁降剃发严旨

　　满洲人的祖先，在中国史书里有好些不同的称号，先秦时代称他们为肃慎，魏晋六朝时称作挹娄，隋唐时又叫勿吉与靺鞨，宋朝时称女真或女直，明朝末年以后，随着女真民族的统一，建立的共同体叫满洲。《晋书·四夷传》中记："肃慎氏，一名挹娄。……俗皆编发。"《新唐书·北狄传》中则记：靺鞨"俗编发"。宋朝人写的《三朝北盟会编》里说："（女真人）男子辫发垂后，耳垂金银，留脑后发以色丝系之。"《大金国志》中也记他们女真人"辫发垂肩"、"留颅后发，系以色丝"。由此可见："辫发"、"留颅后发"是满洲祖先的传统发式，也是他们的一项传统文化习俗。

　　努尔哈齐在辽东起兵后，对归附或俘获的汉人，一律强令剃发。随着后金战事的胜利，征服的汉人土地不断增加，被俘与投降的汉人官民也日渐众多，大规模地强制汉人剃发行动也在辽河东西两岸实行，导致不少汉人起而抗争。皇太极继位大汗之后，他对汉人的政策大有改善，重用汉官，安抚一般汉民，仿行汉人政治制度，也举办汉人的科举考试，可是他在剃发的政策上并未放松，凡是他大军所到之处，首先宣布的政令常是

二十

颁降剃发严旨

75

剃发。

明朝汉人的发式是留长发，精心梳理成发髻，戴上冠帽。他们平时不剪发，认为身体发肤受之父母，不可毁伤。而且冠发成为有身份的象征，清人强行命令剃发，在一般汉人看来，是对汉人传统文化的亵渎，是让文明的汉人变为野蛮的夷人。

多尔衮在山海关大战胜利后，立即命令山海关城内军民一律剃发，此一命令固然有该城被满洲征服的政治、文化意义在，但也是用作辨识人民对大清是顺是逆的标记。后来进军北京途中，清军所过之地，都命人民剃发。进入北京城后，多尔衮在第一份安民文件中，就说到"所过州县地方，有能削发投顺，开城纳款，即与爵禄，世守富贵"。在给前明内外官民的另一份谕令中又提到"凡投诚官吏、军民，皆着薙发，衣冠悉遵本朝制度"。后来发现汉人对剃发事极度反感，甚至有激发成变乱的，清军当时尚未稳固地建立统治权，多尔衮便在入北京后的二十多天，收回成命，下令罢除剃发命令。他技巧地改口说：

> 予前因归顺之民，无所分别，故令其薙发，以别顺逆。今闻甚拂民愿，反非予以文教定民之本心矣。自兹以后，天下臣民，照旧束发，悉从其便。

这是多尔衮因应局势而作的让步，是权宜之计，不过到第二年即顺治二年（公元1645年），他看到大顺军已被击垮，南明福王政权也覆亡在即，半壁江山已掌握在手，他对剃发问题又重新考虑了。据说在他得报南京福王下台后，他与京中的汉人大臣作过这样的谈话：

> 近览章奏屡以剃头一事引礼乐制度为言，甚属不伦，本朝何尝无礼乐制度？今不遵本朝制度，必欲从明朝制度，是诚何心？若云身体发肤受之父母，不敢毁伤，犹自有理。若谆谆言礼乐制

度，此不通之说。

没有过几天，在顺治二年六月初五日，他趁顺治皇帝特派专人携敕文到江南嘉奖多铎大将军时，便带去江南各处文武军民，尽皆剃发，"倘有不从，以军法从事"的命令。又过了十天，多尔衮便以顺治皇帝的名义降谕礼部，重申剃发严旨：

> 向来薙发之制，不即令画一，姑听自便者，欲俟天下大定，始行此制耳。今中外一家，君犹父也，民犹子也，父子一体，岂可违异？若不画一，终属二心，不几为异国之人乎？此事无俟朕言，想天下臣民亦必自知也。自今布告之后，京城内外限旬日；直隶各省地方，自部文到日，亦限旬日，尽令薙发。遵依者，为我国之民，迟疑者，同逆命之寇，必置重罪。若规避惜发，巧辞争辩，决不轻贷。该地方文武各官，皆当严行察（查）验，若有复为此事渎进章奏，欲将朕已定地方人民仍存明制，不随本朝制度者，杀无赦。

剃发令宣布后，江南各地反抗行动四起，前明孤臣义士与地方人民不甘受辱，誓死捍卫民族尊严，地方动乱也因之而起。其中反抗最激烈的要推江阴与嘉定这些城市。

江阴属江苏常州府，当剃发令传到之后，知县方亨就传令限三天剃完，并恐吓人民"留头不留发，留发不留头"。闰六月初一日，城内外人民认为剃发是耻辱，大呼："头可断，发决不可剃也！"于是"分队伍，树旗帜，鸣金进止；集教场，议战守，填塞道路"。后来大家又请来曾任明朝江阴典史的阎应元入城主持运动。七月初九日，阎应元开始布置江阴城防务，准备与清军一战。同月二十二日至二十九日，清兵用炮猛攻，但人民视死如归，奋力抗敌。"愿受炮打，宁死不降"。八月二十日起，清兵又以新运到的大炮二百多尊助攻，历时近两天，终于攻陷了江阴城。阎应元知大势已去，据说他在城门上写了："八十日带发效忠，表太祖十七朝人物；十万人同心死义，留大明三百里江山。"其后奋力杀敌，不屈而死。江阴是江南地区因剃发而抗清最早、坚持战斗时间最久的城市。

与江苏江阴县士民反剃发抗争的同时，该省东南部的嘉定城也爆发反剃发的战事。闰六月十二日，城内外传出剃发令，"人情始惧，遂有变志"。第二天，"剃发今益急，人心愈愤，市上大呼曰：安得官军来，为我保此发肤，苟有倡义者，即揭竿相向矣！"十七日，人民公推黄淳耀、侯峒曾为领导，布置防务，众人用木石垒街断路，以此阻止清兵。树白旗于城上，写着大字"嘉定恢剿义师"，望之令人振奋。七月初一日，乡民与清兵交战，由于缺乏武器，不善战阵，乡民很快战败，遭清兵惨杀。据时人记载：败退时，"走者不知所为，相蹈藉而死，抉眼流肠，不计其数"。清兵又砍杀逃到河边的乡民，结果"时正溽暑，数暴雨，河水骤涨，尸骸乱下，一望无际"。初四日，城破，侯峒曾投水死，黄淳耀兄弟自缢于一寺庙僧舍中，清兵入城烧杀三日，城中"乞命之声，嘈杂如市，所杀不可数计，其悬梁者、投井者、断肢者、血面者、被斲未死手足犹动者，狼藉路旁，弥望皆是，投河死者亦不下数千百人"。嘉定城前后经三次屠城，历时十七日，城内外死者两万多人，可谓至为壮烈又凄惨。

江南其他各城市如常州、无锡、宜兴、昆山、松江、绍兴等地也各有反剃发事件发生，只是规模不如江阴与嘉定大。浙江总督张存仁建议速办科举，让读书人出仕有望，"而从逆之念自息"。其他大臣也有承认剃发政策导致不少已经投降的明朝官民又再起抗清的。

清朝入关后，以尊孔来笼络汉人；可是多尔衮重申剃发命令之后，连孔子也顾不了了。顺治二年十月底，陕西河西道孔闻謤就剃发事，以孔圣后裔，上奏说：

臣家宗子衍圣公孔允植，已率四氏子孙告之祖庙，俱遵令剃发讫。……独臣家服制三千年未之有改，今一旦变更，恐于皇上崇儒重道之典，未有备也。应否蓄发，以复先世衣冠，统惟圣裁。

多尔衮断然地答复说：

薙发严旨，违者无赦，孔闻謤疏求蓄发，已犯不赦之条，姑念圣裔，免死。……着革职，永不叙用。

由此可见，当时剃发命令是没有任何理由可以反抗的。有些道士、优伶、疯子，他们没有剃头，也终遭杀身之祸。

当时来北京的朝鲜使臣也知道剃发引起各地的动乱，他们有人向国王报告说：

闰六月，清人迫胁北京汉人，尽令剃头，自北京以东，凶歉太甚，关内土贼群起，杀害官吏。

中国北方也有因剃发而杀官吏的，由此得到证实。

总之，清初的强制剃发政令，极大地伤害了广大汉人的民族感情，这种弊政、暴政，留在汉人心中的仇恨，久久不能磨灭。

二十一

济尔哈朗权位的停罢

清朝大军平定了大顺军、大西军与南明福王、鲁王、唐王等反清势力后，圈地、逃人法与剃发等暴政也施行，多尔衮见大势稳定，自己的统治权已巩固，于是便着手对付政敌、排除异己了。

多尔衮当时所担心的还是皇太极死后与他争继统的那些反对派，特别是豪格、济尔哈朗一批人。如前所述，济尔哈朗本来与他共同辅政、摄政，可是不到三个月，济尔哈朗便自动提出把自己的名字列在多尔衮之后，一切奏报、行文都得先写多尔衮的名字，这与当初决定二人辅政时多尔衮列名在后的情形有很大改变，也可以看出他们二人争权的迹象。顺治元年（公元1644年）带兵入关，由多尔衮一人主导，济尔哈朗留守沈阳，结果定鼎北京的功劳完全由多尔衮一人独享，功勋"高于周公"，多尔衮"建碑纪绩"，晋升皇叔父摄政王，而济尔哈朗仅加封"信义辅政叔王"，"辅政叔王"与"皇叔父摄政王"，两者已是有天壤之别了。多尔衮与济尔哈朗在政治地位上有如此不同，当然分配的权力就有极大差别，一切国家大权都被多尔衮掌握了。甚至经济收入也有差距，摄政王的俸禄为三万两，辅政王仅为其半数一万五千两。另外宫室之制、护卫人员等等，摄政王当然都高过其他亲贵。

顺治四年（公元1647年）正月，多尔衮当时已独揽大权，乃以济尔哈朗建王府"王殿台基逾制"为由，下令彻查议罪，结果罚济尔哈朗白银二千两，并将一些所谓"徇情"偏袒济尔哈朗的官员治罪，使得一些文武大臣不敢再与济尔哈朗亲近。同年七月初一日，多尔衮又想出一个整肃济尔哈朗的新点子，他召集内大臣、各部尚书等官，宣布他同胞亲弟多铎的功劳，问问大家多铎是不是应该升官，晋封为"辅政叔德豫亲王"。多铎入关后的战功是毋庸置疑的，在剿灭李自成、打垮南明福王政权的功劳上确实比其他人为高，他晋升为叔父辅政王也是无可厚非，不过对他的这项安排是有私心，是为排斥济尔哈朗而起。众大臣在多尔衮的淫威下，只好"佥以为然"，大家都赞成此事。多铎的晋升大典办得非常隆重，除赐金银鞍马外，又举行大宴，甚为热闹风光。按说多铎这位新任的辅政叔王应该名列济尔哈朗之后，参与中央政府办公。可是五天之后，即七月初六日，多尔衮又向中央各衙门官员传达命令说：

前令辅政德豫亲王、和硕郑亲王共听政务。今和硕郑亲王已经停罢，止令辅政德豫亲王与闻，凡各部院事务，有应亲理者，有应辅政德豫亲王代理者，开列具奏。

据此可知：刚刚晋升豫亲王多铎没有几天，郑亲王济尔哈朗的权力就被"停罢"了。济尔哈朗失势，多铎权势上升，而多铎是多尔衮的胞弟，清廷中央的政治格局显然有了新的改变。

济尔哈朗的灾难尚不止此，他并不能安闲地度过他"停罢"后无官一身轻的日子。顺治五年（公元1648年）三月中，他的侄辈贝子吞齐、尚善、吞齐喀及公扎喀纳、富喇塔、努赛六个人，共同揭发济尔哈朗的罪状，其中较大的约有六点：

（一）济尔哈朗当初有意拥立豪格继皇太极为君，有擅谋大事之罪。

（二）顺治皇帝迁都北京途中，济尔哈朗率自己的镶蓝旗靠近皇帝立营，与皇帝同行，又命正蓝旗越次前行，有违规制。

（三）济尔哈朗在迁都路上，又安排豪格的妻子走在阿济格与多铎二人的妻子前面，显然是曲徇豪格。

（四）济尔哈朗无为国宣劳之处，也无辅佐之功，竟然援比君上，自称当用官夫修其府第。

（五）宠爱有罪的顾尔玛洪、罗托等人，给予华厦美宅。

（六）济尔哈朗的妻子托病不去参加衍禧王、饶余王家丧礼，漠视所亲。

这些都是旧账或小事，可是经众大臣会议后，竟判济尔哈朗为死刑，还有当年两黄旗支持豪格的将领如图赖、鳌拜、塔瞻、锡翰、索尼等等的重臣，都判以革爵、抄家，甚或论死。这份判决书，经小皇帝（也许说是多尔衮更合适些）作了最后裁决，认为济尔哈朗罪不至死，改成"郑王（指济尔哈朗）革去亲王爵，降为多罗郡王，罚银五千两"。其他相关大臣也作了减轻的处罚，死罪的免死，革职也免革职，抄家也免抄家，不过不少人仍以"赎身"下场，只对锡翰较严，革去公爵与议政大臣；索尼更尽革所有职务，变成平民，到皇太极的陵寝去当夫役，而这两人正是当年坚持要立皇太极之子、反对皇弟继承大统的人。

济尔哈朗是一个能征惯战的将领，他被"停罢"时，大江南北反清大小动乱，又因剃发与大顺军、大西军重组支持南明而变得活跃起来。基于实际需要，多尔衮处罚济尔哈朗两个多月之后，又恢复了他的郑亲王爵位，同年九月间便任命他为定远大将军，统兵去湖广一带征讨李自成的残部。济尔哈朗自北京出发后，路经山东就先"恢复曹县"，将一些图谋不轨的人擒斩，算是立了第一功。其后他取道河南，入湖北，再渡长江，在湖南湘潭与南明大将何腾蛟发生激战，擒何腾蛟，并顺利地攻克宝庆、衡州、辰州、沅州、靖州等地，一直攻入广西的全州。顺治六年（公元1649年）正月奉命班师回京，但没有得到应有的慰劳、郊迎等待遇，只冷清清地回到北京城。直到同年四月，政府才做出论功行赏的决定，给济尔哈朗金二百两、银二万两，其他军官也略作赏赐，不像其他亲王带兵打胜仗被奖赏那样的风光。

济尔哈朗从此也就"安静"地住在北京了，在政治与军事方面都没有见到他有任何表现，史书里也没有对他记述的文字，有人说他"形同政治禁锢"，直到多尔衮死后情形才有所改变。

二十二
豪格的冤死

前面已经说到豪格在清兵入关前夕被人告发他对多尔衮有不满言论，如咒骂多尔衮"非有福人，乃有疾人也，其寿几何而能终其事乎？"等等，结果兴了一次大狱案，豪格被幽禁，支持豪格的八旗将领俄莫克图等人被处死，藉没家产。也许当时多尔衮地位尚未稳固，不久他又释放了豪格，但罚银五千两、夺其七牛录所属人口并革去了他的王爵。朝鲜人说因为小皇帝福临"啼泣不食"，请求宽宥，才换来他长兄豪格的不死。

这场政治斗争后不久，多尔衮带着清兵入关了。豪格在当时也随军入关作战，因此顺治元年（公元1644年）十月间，当福临在北京再即位大封诸王时，豪格才被恢复肃亲王的爵位，册封文中说："尔和硕肃亲王，前以引罪削封，后随叔父摄政王入山海关，破流贼二十万，遂定中原，厥功懋焉。朕诞登大位，特加昭雪，授以册宝，复封为和硕肃亲王，永存带砺，与国咸休。"我们知道：多尔衮入关之初，情势非常危急，各地武装抗清的人很多，清军亟需将领人才，豪格又富于作战经验，历经重大战役，这次恢复他的王爵，当然与起用他为朝廷作战有关。从顺治二年（公元1645年）二月开始，豪格果然被多尔衮不断地派出为国家平乱。他曾平定了山东满家洞的顽强反清势力，后来在顺治三年（公元1646年）被任命为靖远大将军征讨张献忠，结果也很圆满，平息四川乱事，更射杀死了张献忠，为朝廷除了一大患，也为清廷立了一大功。可是当他在顺治五年（公元1648年）二月得胜回京时，他受到的待遇很冷淡，不像多铎平江南那样热烈，没有派人慰劳大军，也没有郊迎等风光场面，只以小皇帝在太和殿"宴劳之"做一点表示。多尔衮有意贬低豪格地位是不言可知的。

不但如此，在豪格回京后不久，突然发生了三等男爵希尔艮的冒功等事件。同年三月初六日，清朝官修史书中记述：

> 幽系和硕肃亲王豪格。先是，豪格出征四川，已及二载，地方全未平定，地方官亦未有以投诚平定入奏者。又击败流贼张献忠，遣学士苏纳海启奏时，有护军统领哈宁噶于众人会集处，言曰："若非护军阿尔津、苏拜相助，则我等皆失利矣。……希尔艮在后，夺前进之阿尔津、苏拜功，王（指豪格）将其冒功事，竟未议结。……又欲将罪人杨善弟机赛补护军统领，启奏。"

以上三项变成豪格的罪状，平心而论，没有一项是可以兴大狱判人罪的。以征四川两年而地方尚未平定来说，当初派豪格远征，主要的是消灭张献忠及其大西政权，这些目的豪格都已达到了。地方未平是常态，当时哪一处动乱平定后会永远不再生事的？山西、陕西、湖南、湖北等地哪一省不是清廷反复几次派大军去征讨？多铎打垮了南明福王政权，江南不是还发生江阴、嘉定及其他各地的乱事吗？所以这一点显然是不成理由的。至于希尔艮冒功的事，也有问题，他出身行伍，是正黄旗人，在入关前就建立过不少军功，任护军参领，授一等甲喇章京世职。顺治二年随阿济格攻打大顺军，打过不少胜仗，晋升为三等梅勒章京。他不是胆怯无能之辈，躲在阿尔津、苏拜等人后面作战，而阿尔津等正是多尔衮的亲信，希尔艮没有真正功劳又如何敢与他们争功？豪格为这件事最多也只能犯"失察"罪，况且告发的人根本没有提出实据。还有机赛补升为护军统领，也不是什么大罪。他哥哥杨善是因为附从济尔哈朗受牵连而定罪，根本也是莫须有的政争结果。即使杨善真犯了罪，他弟弟机赛只要有功还是可以晋升职位。这样的事在清初屡见不鲜，努尔哈齐幽杀长子褚英，但褚英的儿子杜度仍为领旗贝勒，统辖红旗。努尔哈齐杀噶盖之后，其子武善仍当牛录额真，后来甚至当上镶红旗佐理大臣。武善弟布善在皇太极时代更代理护军统领与议政大臣，几乎到了位极人臣的高职。机赛若是真有战功，当然可以升官。总之，当时加诸豪格身上的这三大罪状，说来都不能成立。

然而，诸王、贝勒、贝子、大臣们集会之后则认为：

> 肃亲王（指豪格）将希尔艮冒功事隐蔽，旧念未除，因杨善
> 为伊而死，欲升其弟，乱念不忘。奉有以罪人杨善弟机赛为护军
> 统领不合之旨，宥王之罪，至于三次戒饬，犹不引咎。

诸王、贝勒最后以豪格"怙恶不悛，雠抗不已"，判决他"应拟死"。归根结底，还是与"旧念未除"、"乱念不忘"有关，也就是与当年争继统的宿怨有关。

多尔衮对于王公大臣们的判决假惺惺地表示不赞同，还借用小皇帝的名义批写："如此处分，诚为不忍，不准行。"诸王、内大臣又坚持说："太祖长子（指褚英）亦曾似此悖乱，置于法。"这说法根本是与史事不合，褚英的恼怒努尔哈齐与豪格以上三项罪状绝无类似情势，而多尔衮却应王公大臣们的说法改判免死，但以"幽系"结案，实际上给豪格判了终生监禁的徒刑。

豪格对于自己被无端陷害，实在无法容忍。有一次，他向人说："将我释放则已，如不释放，毋谓我系恋诸子也，我将诸子必以石掷杀之。"他已经感到生不如死了，而且要把儿子们一起砸死，与他们同归于尽。不

久，豪格在禁所中死去了，时年三十七岁。有关豪格的死，清代最重要的官书《清实录》中没有记载。《八旗通志·豪格传》只说："为睿王多尔衮构陷，薨于狱。"这是雍乾时代对豪格同情的文字。《清史稿》则记："……系豪格于狱，三月，薨。"这一说未作史料来源根据，但明指豪格在幽禁的同月中死亡。

豪格死后不到两年，顺治七年（公元1650年）正月二十五日，多尔衮"纳和硕肃亲王豪格福金（晋）博尔济锦氏"。在名义上，多尔衮是豪格的叔父，他竟把侄媳妇纳入王府，据为己有。皇太极在世时曾下令革除满洲陋习，不准杂婚乱婚，多尔衮夺侄儿寡妻，违规乱伦，可见他蛮横不顾王法之一斑了。

关于多尔衮纳博尔济锦氏一事，有些野史里说这位侄媳原是多尔衮元妃之妹，貌美而早被多尔衮看中，并与私通，因此豪格屡次受罚，常被派遣出征，都与多尔衮想霸占此女或便于与她私会有关。顺治六年，多尔衮元妃逝世，更增强杀害豪格的决心。这类传说也只能姑妄听之，因为没有可靠的史料佐证。不过多尔衮娶豪格妻是史实，连《清实录》都记载了此事。

多尔衮除去济尔哈朗与豪格二人，应该是政治斗争的缘故，因为这二人不存在，多尔衮才能使他的地位更安全、更巩固。

二十三
太后下嫁?

　　就在顺治五年（公元1648年），多尔衮整肃济尔哈朗与豪格的这一年，传说他又娶了太后，并以小皇帝的名义晋升他为皇父摄政王，多尔衮独揽大权，势焰熏天，真是到了极点。

　　传说中下嫁给多尔衮的太后就是顺治皇帝的生母，是皇太极五宫后妃中的永福宫庄妃布木布泰。据说她才高貌美、聪睿机警，多尔衮对她一直非常喜爱。太后下嫁的传说在顺治朝就有人提到了，清初抗清志士张煌言在一首满洲宫词《奇零草》里曾写道：

　　　　上寿觞为合卺尊，慈宁宫里烂盈门。
　　　　春官昨进新仪注，大礼躬逢太后婚。

　　这是耻笑太后赡养的慈宁宫变成了新房，举办太后大婚典礼的事，而太后是皇帝的生母，当然是指布木布泰下嫁事了。这一年年底，顺治皇帝确实因他的叔父多尔衮功高而晋封他为"皇父摄政王"，使大家想到"皇父"之称必与太后下嫁有关，而后世清代修官书又删去了封"皇父"这件事，这更使得大家怀疑清宫有意隐讳丑闻，太后下嫁也益发使人相信确有其事。

民国初年出版的《清朝野史大观》卷一中，有三条专记太后下嫁的事，即《太后下嫁摄政王》、《太后下嫁贺诏》、《太后下嫁后之礼制》，尤其大婚恩诏中有："太后盛年寡居，春花秋月，悄然不怡。""皇叔摄政王现方鳏居，其身份容貌，皆为中国第一人，太后颇愿纡尊下嫁，朕仰体慈怀，敬谨遵行，一应典礼，着所司预办。"像是真有其事，连小皇帝也共襄盛举，颁降贺诏了。该书又肯定说了太后下嫁为"中国有史以来所未有也"。

民国八年又有一位笔名古稀老人的人写了一本《多尔衮轶事》，书中有《太后下嫁》一条，谈到顺治皇帝在多尔衮摄政下"危如累卵"，太后认为"非有羁縻而挟持之，不足以奠宗社于泰山之安，故宁牺牲一生，以成大业"。而多尔衮"涎太后之色"，常入宫禁，"纵谈市郿事以尝试之"。太后后来提出"卫我母子"的要求，"待天下一统之日，即我二人因缘成就之日"。古稀老人还说太后与多尔衮"两人对天立誓，各刺臂作血书，互执一书"以为凭证。更精彩的是书中安排太后诈崩，并举行隆重丧礼后，再以皇帝乳母身份嫁给摄政王，故事堪称曲折多奇，很能引人入胜。太后下嫁事经过这些野史小说传布，也就深入民间、深入人心了。

不过野史中的说法与史实多有不符，例如：（一）多尔衮元妃之死在顺治六年（公元1649年）十二月，而太后下嫁与称皇父事在顺治五年，当时多尔衮"不鳏居"。（二）小皇帝的贺诏辞文俚俗，说多尔衮为"中国第一人"，这与当时各种文献中概称"大清"之行文形式大异。而"春花秋月"等字样，实属小说家用语，绝非官方文书之文字。（三）古稀老人的记述更是出于想象，毫无史料可作佐证。

另外还有一些小说，谈到太后下嫁事更是离奇，如民国五年出版的《清史通俗演义》，作者蔡东藩在书中说：皇太极临死前，多尔衮与布木布泰在御榻前伺候时便眉目传情、心有灵犀。皇太极崩，多尔衮力主福临继位，布木布泰闻知，格外感激，竟特沛殊恩，传出懿旨，令摄政王多尔衮便宜行事，不必避嫌，多尔衮出入禁中，从此无忌，有时就在大内住宿。顺治入北京后，"朝政始稍稍闲暇，多尔衮随即入宫，与太后共叙离情"。后来多尔衮的元妃死亡，而太后独居寡偶，秋宫寂寂。小皇帝为尽孝道，请皇父皇母合宫同居，并颁诏举办大婚之事。

民国三十七年，又有一位王浩沅出版了《清宫十三朝》，又名《清宫秘史》，书中对多尔衮与太后布木布泰相恋事记述很多，从目录中我们就可以看出，如《种情根巧救小玉，偿凤愿亲王大婚》、《槐树荫中窥嫂浴，荷花池上捺叔腮》、《香衾卧娇艳经略降清，宫内候兄安亲王戏嫂》、《榻前听命心有灵犀，府内强娇豫王罚俸》、《亲王迎驾小玉妃争风，顺治入京大清国定都》、《建新仪摄政娶太后，名打猎姊妹嫁亲王》等等，可谓清宫绯闻大观，而布木布泰名"大玉儿"与其妹名"小玉儿"，也是王浩沅的发明之一。这本秘史中又谈到大玉儿与洪承畴还有一段情，简直把布木布泰写成人尽可夫型的人了。

这些类似言情小说的书，完全空凭作者的浪漫想象，无限发挥，我们觉得不值得去深究。不过倒是清初的一些文字证物，很有作一番观察的必要。例如：

第一，张煌言的诗应作如何解释？

第二，多尔衮死后被斗争时，小皇帝福临在诏书中明指他称过"皇父摄政王"并"亲到皇宫内院"，这能不能证实多尔衮与太后有染？

第三，太后布木布泰死后没有和她丈夫皇太极合葬，而被葬在清东陵的风水墙之外，这能表示她因改嫁而得到的下场吗？

先辈清史大家孟森先生早有《清初三大疑案考实》一文，其中论及太后下嫁事的部分对以上三点都作了辩证。他说：张煌言的诗是"远道之传闻，邻敌之口语，未敢据此孤证为论定也"。他甚至联想到多尔衮娶豪格妻一事，既然明载奏疏与谕旨之中，也是后来列为多尔衮罪状的项目，这件事"天下哗传，明遗老由此而入诗，国人转辗而据以腾谤"，亦属可能。"春官昨进新仪注"一句，孟先生认为后人既说这位"春官"（礼部尚书）是钱谦益，他以可靠的史料证明钱谦益投降清朝只被任命为礼部侍郎，不是尚书，而时间上也有问题，因为钱氏降清在顺治二年（公元1645年），任清廷官职不到半年即"以疾乞假"辞官。太后下嫁传说发生在顺治五年，钱谦益早已回到江南老家，不是官员了，怎能再为太后下嫁制定新仪注呢？至于多尔衮称"皇父"，他认为："父之为称，古有'尚父'、'仲父'，皆君之所以尊臣，仍不能指为太后下嫁之确据。"而且多尔衮因功高晋升爵位，不是亲属的称谓。"亲到皇宫内院"一项，孟先生虽觉可疑，但也只能疑其曾经渎乱宫廷，"决非如世传之太后大婚"，"夫渎乱之事，何必即为太后事？"布木布泰死后未能祔葬皇太极之昭陵，孟先生以为："太宗昭陵，已有孝端合葬；第二后之不合葬者，累代有之。"他举出清代康熙、雍正、乾隆、嘉庆、道光、咸丰等朝第二后都没有合葬，难道这些皇后都有下嫁或其他不贞事件吗？总之，孟先生认为"太后下嫁之证无有"，而朝鲜当时为清朝属国，应该有颁诏告谕之文，可是《朝鲜实录》也遍翻不见。"设使无此诏，当可信为无此事"。

孟森先生的论证极为详尽，相信可以给大家解释疑惑。我自己还有几点想法，写在下面，供读者参考：

（一）在汉人的伦理观念中，杂婚乱婚是被严厉谴责的，顺治皇帝的生母又以国母之尊下嫁小叔，则更是人伦大变、丑上加丑的下流事。当时各地反清气势很盛，明朝遗臣遗老还有很多尚活在人间，特别是名人如黄宗羲、顾炎武、王夫之等等，他们怎么不着文加以抨击呢？清宫这种无礼教、野蛮行事正是笔伐的好题目，绝对可以增强抗清的力量，除张煌言一人作诗外，别无其他文字存世，可见张煌言诗的可靠性仍有值得重加检验的。

（二）张煌言诗中有"慈宁宫里烂盈门"一句，慈宁宫确实是布木布泰长期生活的所在。不过按清宫档案，慈宁宫在李自成火焚后被损坏，直到顺治十年（公元1653年）才修葺成而请太后入内居住。多尔衮死于顺治七年（公元1650年）十二月，布木布泰如何与一个逝世三年的小叔子在这座宫里行合卺礼呢？这是与史不合的。

（三）多尔衮虽蛮横跋扈，不过他对小皇帝的态度与对国家的礼仪还是注意遵守的。他时刻尊君循礼而行，不敢逾越。顺治二年五月初五日，他乘轿入朝，行至朝门，满洲诸臣都跪下向他行礼，他发现后立刻命轿夫抬他回家，不上朝了。他认为在朝上大臣对他行见君之礼，他心不安，并传话给众汉官知道此事。同年十月，顺治皇帝赐多尔衮与济尔哈朗、豪格三人马各一匹，多尔衮"跪受"，又"入武英殿，叩首谢恩出"，这也是多尔衮在君臣之礼上惟恐有僭越之嫌的表示。甚至到顺治七年春，他因元妃新丧，"罹此莫大之忧"后不久，心中不快，发了牢骚，说小皇帝都没有"循家人礼"来探望；他的亲信锡翰等人立即入宫，带着福临到摄政王府慰问，多尔衮事后认为锡翰等人做事鲁莽，有损他谦谦周公之形象，命议政王大臣们处分了锡翰等人。

（四）关于"皇父"一事，我有另外看法，将在下一节详述。

从以上事例看，多尔衮很能顾全大局，尽力维持君臣之分。如果他表现如此，真想做周公第二，他能不顾汉人儒家伦常而强娶寡嫂吗？

太后下嫁的传说可能不是真事，不过多尔衮与布木布泰之间，政治默契显然是很好的，他们一个为增强摄政王的权势，一个为维护幼年天子的地位，必然有着密切的合作关系。

顺治五年（公元1648年）十一月初八日是冬至，清廷举行祀天大礼，其后两天又有奉太祖配享、追尊四代祖先尊号等祭告天地典礼，到了十一日以皇帝名义颁发诏书，大赦天下。诏书的第一条就说：

> 叔父摄政王，治安天下，有大勋劳，宜增加殊礼，以崇功德，及妃、世子，应得封号，院部诸大臣集议具奏。'

皇帝既降了这道诏书，院部衙门必定有所响应，向皇帝报告"应得封号"是什么。可是《清实录》一类官书中就没有任何记录。这件事颇令人不解。到乾隆年间，也就是一百多年之后，有位广西籍的官员蒋良骐，他当了史官，在大内的档案中发现了真相，在他史料集子的《东华录》中写下了当年诸王大臣共议的结论是："加皇叔父摄政王为皇父摄政王，凡进呈本章旨意，俱书皇父摄政王。"到清朝覆亡后，由于清宫的大量档册公诸于世，证明蒋良骐的记录是正确的，因为顺治五年底到七年底有些奏本与礼部殿试策中，都抬头写着"皇父摄政王"字样，这是无可否认的铁证。同时学者们又发现，故宫博物院珍藏的史料中，有一件《多尔衮母子并妻罢追封撤庙享》的诏书，这是多尔衮死后不久被斗争时留下来的文献，是顺治皇帝亲政后对他叔父处罚的一份重要诏书，其中写着多尔衮"自称皇父摄政王"的罪状一款，颁诏的时间是"顺治八年（公元1651年）二月二十二日"，诏书上还盖着官方印信，显然是绝对可信的资料。不但如此，当时还有一些外国人也记述了多尔衮称"皇父摄政王"事，例如朝鲜使臣从北京回国后向国王谈到此事，而被清楚地记载在他们国家官修史书《朝鲜实录》当中。另外西洋传教士汤若望（Johann Adam Schall von Bell）与顺治皇帝有私交，对当时宫廷事务熟悉，他的回忆录中也记了多尔衮称"阿玛王"（满语阿玛ama意为"父"，wang是"王"的拼音）的事，这就难怪后人怀疑太后下嫁了。多尔衮既称"皇父"，当然就与他娶"皇母"有关，这是一般人应该有的反应。

不过，事实是不是如此呢？学术界固然也有这样看法的人，但也有持相反意见的，他们认为"皇父"一词，不能作为太后下嫁的证据。如孟森先生就坚认多尔衮被加封为"皇父摄政王"，"盖为覃恩事项之首，由报功而来，非由渎伦而来，实符古人尚父、仲父之意"。胡适曾对孟先生的解释存疑，他写信给孟先生说："终不免一个感想，即是终未能完全解释'皇父'之称之理由。"孟森给胡先生的答复是："当是时，摄政王方全掌国事，如以太后嫁彼为伦理上之污点而讳之，则必不以皇父之称诏示天下。"既然对天下"公然称皇父，必不讳太后下嫁"，"惟其无下嫁之事，则坦然称皇父以仲父、尚父自居，则亦无嫌，故有皇父之称"。如此解释也算有力。

另外一位明清史大家郑天挺教授，对"皇父"一词作了更为深入的研究，他的结论是：多尔衮先以"叔父王"为称，"盖为亲王以上爵秩，凡遇亲王建大勋者始封之，不以齿，不以尊，亦不以亲，尤非家人之通称"。他进一步地认为"叔父王"之制如此，"皇父"之称应不相远。多尔衮既因功而授"叔父王"，执政长久而又建殊勋，再高升一级当以

94

"父"字来表示了。而从清初"摄政王宝"一方印章中的满文部分可以看出，"叔父王"满文作ecike ama wang，即"叔父父王"；"皇父"满文作han（汗）i（的）ama（父）wang（王），即"汗的父王"。他说："世人徒疑其后之称皇父为可骇怪，不知在称皇叔父时，早用'阿玛'之称矣！"郑先生最终确认："皇父摄政王"是当时最高的爵秩，绝无其他不可告人之隐晦原因。

我个人从孟、郑两位先生的基础上，又发现了一些新数据，可以为他们找出新的旁证，并从满洲人的旧俗与语文等方面，提出一些新想法：

（一）从多尔衮入关到他死亡之间有关他的册封文件，以及他死后被斗争时有大臣像彭长庚等人为他请求的奏疏来看，都是以周公比喻多尔衮，而且争论的重点也都在多尔衮的功德是如周公一样的高。他的罪则以娶豪格妻为焦点，以为"此罪尚属轻小，何罪为大？"如果多尔衮真娶了太后，又以"皇父"的名义诏告天下，在当时满族汉化日深之时，相信满汉臣工都会以国母再嫁这一乱伦事件为耻的，彭长庚是汉人出身，他们怎么会还说为多尔衮昭雪可以"励诸王作忠之气"？

（二）"叔父摄政王"或是"皇父摄政王"，是否都如郑天挺先生说的是"亲王建大勋者始封之"、"非家人之通称"？顺治四年（公元1647年）有不少官员上奏章时称多尔衮为"九王爷"或"皇叔父"，都被治了罪，因为他们没有按规定用"皇叔父摄政王"这个正式专用官称，可见若就单纯的家庭称谓而言，"九王爷"、"皇叔父"也算尊称了，这里可以了解"叔父王"的性质"不以亲"。多尔衮胞弟多铎因定陕西、平江南、败蒙古有大功，他在顺治四年也"进封为辅政叔德豫亲王"。多铎本来是亲王级的人物，现在因功再加上一个"叔"字。顺治六年（公元1649年）多铎病死之后，他的同胞大哥阿济格以小皇帝叔父的身份，要求晋升为"叔王"，多尔衮回答说："尔原为郡王，……尔安得妄思越分，自请为叔王，大不合理。"可见"叔王"不是任何叔叔辈的人都能受封的，这是高于亲王一级时，而且有大功的人才能晋升为这一爵位。"叔王"既是因功而授，"皇父摄政王"也是以功不以亲的。就像皇太极在崇德改元时封王一样，他给大哥代善的亲王爵号上加一"兄"字，这也不是一个单纯的家庭亲属称谓。

（三）外国人谈到"皇父摄政王"的也可以再作一些深入的观察。《朝鲜实录》中记："上（指朝鲜国王）曰：'清国咨文中有皇父摄政王之语，此何举措？'金自点曰：'臣问于来使，则答曰：今则去叔字。朝贺之事，与皇帝一体云。'郑太和曰：'敕中虽无此语，似是已为太上矣！'上曰：'然则二帝矣。'"顺治年间，朝鲜人对清朝仇恨到极点，如果真有太后下嫁事，深受儒家思想的朝鲜君臣必定大肆嘲讽满洲人的无文化、无礼教，不会这样轻描淡写一笔算了的。另外，汤若望的"阿玛王"（父王）一说，他在回忆录说得很清楚，是"皇父与国父"的意思。汤若望对多尔衮极为厌恶，也曾提到他"霸占侄子妻子"事，但对"皇父"与太后下嫁未作任何联系。总之，仅有的外国人记述文字，也是看不出多尔衮因娶皇母才有皇父之称的。

（四）从满洲文字记家人称谓可以看出一个规则，即称谓放在人名之前，如称祖父觉昌安为mafa giocangga，父亲塔克世为ama taksi，伯父礼敦为amji lidun，兄满泰为ahūn mantai，子褚英为jui cuyeng，女额实泰为sargan jui esitai等等。但是职称与美号则又是一番排列方式，如额亦都巴图鲁写成eidu baturu，噶盖扎尔固齐写成gasai jarguci，额尔德尼巴克什为erdeni baksi，阿敏台吉为amin taiji，布占泰贝勒为bujantai beile，大定汗写成daiding han等等，都是人名在前，职称或美号在后。还有努尔哈齐有位族弟旺善，满文记事里称他为taidzu（太祖）genggiyan（英明）han（汗）i（的）uksun（同族）i（的）deo（弟）wangšan（旺善）ecike（叔父）。既是称他为族弟，又在文字最后加上一个"叔"（ecike）字，这个"叔"字显然与亲属定义有别，正如前列的职称与美号一样。从满洲早年称谓用法中，我们对多尔衮的称"叔父王"、"皇父"似乎也可以得到一些新启示。

（五）"阿玛"（ama）这个满洲字在早年的满洲文献中，使用时显然不如汉文中"父"字有那么严格的定义。例如万历四十年（公元1612年）九月努尔哈齐征讨乌喇部时，布占泰的臣僚在战败后向努尔哈齐求情，一直称其为"父汗"（ama han），他们与努尔哈齐非亲非故，却以"阿玛"为称，可见这是有另外的含义，是对一个有权势地位之大人物的尊称。另外在《旧满洲档》天命十年（公元1625年）五月十四日条，努尔哈齐叫"亲近的侍卫们和头等大臣们可称（我）为'父王'（beile ama）"，原档边上加注说"亲近的侍卫们和头等大臣们称'父王'是表示汗对他们爱顾的"，可见这里的"阿玛"也不作亲属称谓解。

总之，"皇父"一词看作是太后下嫁的铁证是不十分妥当的，因为清初的史实告诉我们多尔衮封"叔父王"、"皇父"都是以功不以亲，同时代的朝鲜人与德国人也都提到"皇父"，但不作太后下嫁解，而满文资料更能证明"阿玛王"是用作称呼有权势地位的人，这些事实，我们应该参考，而不能尽信野史与小说家言才好。

二十五
多尔衮之死

　　顺治七年（公元1650年）十二月初九日，多尔衮在边外打猎时突然逝世。清代官书《清实录》中只简单地记载说：

　　　　摄政睿亲王多尔衮薨于喀喇城，年三十九。

没有说明死因，没有记述有关事项。谈迁在《北游录》中记：

　　　　初，摄政王膝创，涂以凉膏，太医傅胤祖谓其非宜。是日
　　围猎，值一虎，须尊者射而众从之。时王创甚，勉发三矢，
　　度不自支，退召英王（指他同胞大哥阿济格）语后事，外莫得
　　闻也。

　　这是多尔衮出猎坠马不治死亡的一说。喀喇城在今河北省承德市郊。多尔衮是在这一年十一月十三日因"有疾不乐"，"率诸王、贝勒、贝子、公等及八旗固山额真、官兵，猎于边外"，显示这是一次规模不小的

行猎活动。多尔衮多年来一直作威作福，有没有可能被人害死的呢？我看可能性不大，至少没有任何史料作此假设，因此我们还是从他的身体与心境上来谈他的死因吧。

多尔衮是努尔哈齐的儿子，从身体基因上看他不应该是不健康的人。他十六岁以后就不断地参加各次战役，打蒙古、征朝鲜、讨明朝，都少不了他。戎马生涯之苦他是备尝了。据他自己说，皇太极晚年的明清松锦大决战对他的健康影响很大。这次战役历时两年多，他是重要统帅之一，压力奇大，不言可知。战争胜利后，他说因为"颇劳心焦思，亲自披坚执锐"，使他"体弱精疲"；当时他才三十岁上下，就已种下了病根。

皇太极去世以后，他又因继承皇位的斗争费尽心血。崇德八年（公元1643年）八月中，八旗宗亲决意立福临为君，他得一个辅政王的地位，但不如自己主观希望的好，心中必然有很多不快。九月间，在文献上，我们见到他向留在沈阳当人质的朝鲜世子求灵药。初六日这一天朝鲜人写的《沈馆录》中记：

> 九王（指多尔衮）言："俺荷国眷爱时深，世子之待俺，亦至其欲生不欲死之意，可见（现）俺有痼疾，非竹沥难治，而蒙惠得服便见其效。但此物非此地所产，不得不求之于馆所者。……"

朝鲜世子不敢不应，很快就将竹沥、生姜等物，派人专送给了多尔衮。多尔衮既然说是"痼疾"，显然是纠缠他经年的不易治之病。但是竹沥、生姜两味，似乎也不是什么稀有药材，皇太极生前也向朝鲜讨竹沥，可能是上有好者下必甚焉，大家都以为竹沥是奇验灵药。（竹沥的药用功能主要是治化痰、去热、解烦闷等症。是一般药材，只是大清国当时境内不生产，物以稀为贵。）同时，豪格也说过多尔衮"乃有疾人也"，可见他的病已是众人皆知的了。

入关以后，多尔衮的国事责任更重、烦忧事更多，抗清反清的、军事征伐的、社会治安的、兵饷财政的，样样都要他悉心筹划，他在顺治三年（公元1646年）二月间就对王公大臣们说：他"日夜焦思，又素婴风疾，劳瘁弗胜"。在另外的场合他又说过"几（机）务日繁，疲于裁应，头昏目胀，体中时复不快"的话，可见他的身体确实有了问题。到顺治四年（公元1647年）他竟因"体有风疾，不胜跪拜"，一度特例不向小皇帝行跪拜大礼。显然他的"风疾"可能是关节炎一类的毛病，在入关后更为严重了。

很多史家都认为多尔衮好色，这对他的身体是绝对有害的。又说他早婚，十二岁就娶妻，身体尚未长成。还有他至少娶了六妻四妾，另有若干没有名义的婚姻关系，与那么多人有性关系，必然对他的健康不利。当然这些说法是有一定理论根据的，不过就以他的宗族家人来说，早婚是通常现象，十二岁结婚的人很多，努尔哈齐、皇太极哪一个不是娶过妻妾十多人，比多尔衮还多。如果以多尔衮与他的族孙康熙皇帝比较，更是小巫见大巫。康熙皇帝娶第一个妻子时他才十一岁又六个月，他的妻妾总人数有史料可考的至少有五十五人，而康熙皇帝活到六十九岁，在古代帝王中算是高寿了，所以我个人不认为多尔衮好色是他早死的主因。

总之，多尔衮的死或许与他好色有些关系；但主要的原因是他多年来有一种治不好的"痼疾"，这种病可能是人类健康的主要杀手，也未可知。

再就多尔衮死前的心境来看，似乎也能窥知一点端倪。现在仅以他死亡的顺治七年为例，作一番了解。

这一年正是他的得力大助手亲弟弟多铎病死与元妃新丧后不久，心情必然悲怆失落。二月二十五日，他突然召集议政王、贝勒、大臣等会议，决定了纳豪格的媳妇为妃，这件事遭致中外人士的同声谴责，认为是大反伦常之举。我自己在想，如果多尔衮只是为了钟爱这位"小玉儿"，他不会公然地把她纳入王府；如此以召开议政大会的程序纳为己妃，政治报复的因素必然大于爱情成分。

同年二月二十八日，他又传谕：各部事务有不需入奏的，由亲王满达海、博洛、尼堪等人办理。这位一向独揽大权的摄政王，怎么愿意"大权旁落"呢？这点也是应该注意的。

五月初三日，史书中记：因摄政王福晋之丧，贝子巩阿岱不为成服，且违禁往来王府等罪，降巩阿岱为镇国公，罚俸一年。巩阿岱可以说是多尔衮的亲信，他是努尔哈齐异母弟巴雅喇的第三子，算起来与多尔衮同辈分。顺治元年（公元1644年）与多尔衮一同入关，任吏部尚书，后因打败大顺军有功，四年晋升为辅国公，六年更晋封为固山贝子。多尔衮死后，他被卷入清算的大风暴中，以依附多尔衮罪名在顺治九年（公元1652年）被处死。对于这样一位效忠于自己的人，竟给予如此重罚，未免不尽人情。

如果说多尔衮真是爱新丧的元妃，处罚了巩阿岱，他就不应该在爱妃尸骨未寒时纳豪格的福晋为妃。尤有甚者，他在处分巩阿岱之后的第三日，即五月初六日，他又以出猎山海关为名，到连山地方（今辽宁省境内）亲迎朝鲜公主，不待举行正式婚礼，即日就地成婚，这也是教人惊异的事。

同年七月初四日，他认为北京在夏天"溽暑难堪"，下令在边外建筑一座大城作避暑之用，并决定向直隶、山东、山西、浙江、江南、河南、湖广、江西、陕西九省在额定钱粮外加派银二百五十万两。清人入关时以废除明末三饷，传为美谈，令汉人感激。现在天下尚未平定，各地反清活动仍多，多尔衮突然加派钱粮，也是有违抚顺舆情、减轻人民负担的不好措施。

另外在七月初十日，他又因身体不适，对贝子锡翰等人抱怨小皇帝"虽人主，念此大故（指元妃大丧），亦宜循家人礼，一为临幸"。结果锡翰等把福临请到摄政王府来慰问，他又以锡翰等"违令擅请驾临"为名义，处分不少人。

以上这些事件，只能以多尔衮在当时心态有些反常来解释，说明他喜怒不定，爱憎多变，不理政务，纵情享乐。这已经不像以前的多尔衮了，他坚毅、进取的作风似乎不再。这也可能是他身体健康不佳的预兆。

多尔衮一生戎马，英年早逝，而又意外地死在苦寒的边外小城，算是命苦之人。顺治七年十二月十三日，死讯传到京师，顺治皇帝立即下诏，命全国臣民为多尔衮"易服举丧"。十七日，多尔衮的灵柩运回北京，顺治皇帝率诸王、贝勒、文武大臣"易缟服"，出东直门外迎灵。皇帝亲自跪奠三爵，各官跪伏道旁举哀。护柩队伍由东直门至玉河桥，四品以下各官"俱于道旁跪哭"。到摄政王府时，公主、福晋以下及文武命妇，都穿上丧服，在大门内跪哭。当天晚上，诸王、贝勒以下及各官都在王府守丧。

同月二十日，顺治皇帝又降哀诏，向全国臣民正式宣布多尔衮的功业及他死亡的消息。规定国丧日为二十七天，官民人等一律服孝，另外对各地屠宰与婚嫁事也发出禁令。十二月二十五日，顺治皇帝再降诏书，给多尔衮加皇帝封号，追尊为"义皇帝"，庙号"成宗"，并让他与元妃"同祔庙享"。

多尔衮身后在当时也算备极哀荣，他一生为清朝所作的贡献，死后得到这些地位上的肯定，也算实至名归。

谁又能想到在他尸骨未寒的不久之后，竟发生了惨烈的斗争大狱案呢？

多尔衮死后，清朝中央险些发生一场政变，那是英亲王阿济格的谋反事件。

阿济格是多尔衮的同胞兄长，在多尔衮死时就发现他有些异常的行动。谈迁的《北游录》中记：多尔衮在喀喇城打猎时病发不支，曾召阿济格密谈，其后"英王即遣三百骑驰入京。大学士刚令（林）知其意，立策马行，日夜驰七百里，先入京，闭九门，徧告宗王固山等为备。俄三百骑至，皆衷甲，尽收诛之，英王未知也。寻至，被幽"。

阿济格在多尔衮死后是不是派了三百骑入京，此事尚无其他史料证实；不过他确是在入京前就被拘捕，押进了大牢，想来谈迁的记述应非空穴来风。

据清代官书记载：多尔衮死后第三日，阿济格派人问正白旗的大臣吴拜、苏拜、博尔辉（惠）、罗什等人："劳亲郡王什么时候可到？"劳亲是阿济格的第五子。吴拜等人以不肯定的口气回答阿济格，不过，他们已暗中感受到了事态严重，大家私下商量，认为阿济格是要我们附从劳亲，而劳亲得我等支持后，"必思夺政"，就是夺得摄政大权。吴拜等人为防止阿济格意谋不轨，乃"增兵固守"。

阿济格又派人召正蓝旗的护军统领阿尔津与僧格质问，为何不让多铎之子多尼来他英亲王府，并指责两白旗大臣离间他与劳亲的父子关系。阿尔津见英亲王阿济格的行径不寻常，乃与白旗的吴拜等人商量。大家认为阿济格是企图占有多尼的正蓝旗，进而欲得多尔衮的两白旗，如能如愿，"必强勒诸王从彼，诸王既从，必思夺政"。

吴拜与阿尔津这两组被阿济格询问过的人，都不想支持阿济格，觉得他们自己是"依皇上以为生"的，所以便把一切经过与想法告诉了济尔哈朗与满达海几位亲王，阿济格在多尔衮死后策划的大事从此几乎公开化。济尔哈朗也相信"二白旗若属英王，英王必误国乱政"，乃对吴拜等人说："尔等系定国辅主之大臣，岂可向彼。"因而大家决定"固结谨密而行"。

阿济格不但没有觉察到大家对他不利的情势，反而又对济尔哈朗说：多尔衮后悔过继多铎的儿子多尔博为嗣子，所以后来收养了他的儿子劳亲入正白旗，意思是多尔衮生前有意以劳亲代替多尔博，希望济尔哈朗也依从他一致行动。阿济格还向另一位重量级的亲王博洛说：你和济尔哈朗、满达海三人理不了政，要赶紧议立摄政王。话中当然有自荐之意。阿济格的意图，真是司马昭之心，路人皆知了。

阿济格还做了一些胆大妄为的事。在多尔衮的灵柩礼车运返京城时，他身佩利刀，使济尔哈朗忍不住说出："英王有佩刀，上来迎丧，似此举动叵测，不可不防。"另外，劳亲真的率领了约四百人来护卫灵车，像是有不可预测的行动会发生。额克亲、吴拜、苏拜、博尔辉、罗什、阿尔津等人，因而集合了"四旗大臣"，及时揭发阿济格的不法，"诸王遂拨派兵役，监英王至京"。

十二月二十六日，诸王、议政大臣集会，讨论阿济格的罪行，结果大家认为阿济格确实犯了大罪，决定把他幽禁起来。第二年新年刚过，正月初六日，诸王、议政大臣再度集会，研议阿济格犯罪惩处的事宜。会中决议没收阿济格属下的十三牛录归顺治皇帝所有，另七个牛录拨给多尼，投充汉人准许离开做自由民，他家的使役人员酌量留下一些供其使用，其余的人畜"俱入官"。劳亲革去王爵，降为贝子，夺摄政王所给四牛录。阿济格所属前锋统领席特库，听到多尔衮之丧，不但不向诸王报告，反而"服蟒褂，佩新刀，预其王乱谋，调兵前往"，所以斩首处死，没收家产。另外还有毛墨尔根、穆哈达、马席等处以死刑。尚书郎球、星讷、议政大臣都沙等十二人罚以革职、罢任、籍家、鞭笞等不同处分。

阿济格的忠诚支持者经此次大案都被打压下去，他的势力也因此消灭了大半。其他态度不定者也逐渐"西瓜偎大边"地转向皇帝一边来了。

阿济格是努尔哈齐的儿子，是多尔衮的长兄，向以骁勇善战著名，在后金与清初确实贡献很多，建过不少勋业。这次以"夺政"罪名受到如此重罚，似乎还是政治打压的因素多，因为他的罪状都是议政大臣定的，真正叛逆的证据显然不够充分。不过他是当时辈分最高的宗室，又是忠诚度不足的军头，不给他判个终身监禁，不把他党羽打尽，又怎么能令皇帝高枕无忧呢？

阿济格就这样失去自由，被幽禁了起来。我自己以为阿济格也许只想在他胞弟多尔衮去世之后，发动诸王大臣支持他代替多尔衮，当上摄政王，而不是谋叛篡位。当时他拥有四十牛录兵力，也有不少八旗兵将附从，他才四十六岁，正是年富力强之时，若是真的发生政变，也未必非败不可。所以他的被重罚，还是皇太极死后继统之争的一个余波，这件事也可以在稍晚顺治皇帝斗争多尔衮时看出迹象来的。

顺治八年（公元1651年）九月三十日，阿济格在监禁的地方发怒，他对看守者发牢骚说：听说把我的两个儿子给人家为奴隶，家中妇女也发配与人。我将"拆毁厢房，积衣举火"。中午果然有拆屋的事。守监的人立即向上级报告，刑部请皇帝处治阿济格，结果经诸王、议政大臣会议，在十月十六日作出决议："阿济格屡罪当死，俱荷恩宥，今复出妄语，烧毁监房监门，悖乱已极，应论死。"顺治皇帝随即"令其自尽"。他的儿子劳亲也赐死。至此才结束了阿济格的案件。

二十七
顺治皇帝亲政

　　顺治皇帝虽然举行过两次即位大典，但当的只是有名无实的皇帝。因为他年幼，一切国家大政由叔父多尔衮摄理，而多尔衮又擅权独专，当时大家只知有摄政王而不知有皇帝。顺治七年（公元1650年）底多尔衮死了，清廷在忙过摄政王的丧事，并处理了阿济格"夺政"案之后，开始筹备福临亲政的事宜。

　　顺治八年正月十二日（公元1651年2月1日）是福临举行亲政大典的日子，他当时还差十八天才十三周岁，算是一个虚岁仅十四的少年天子。不过他可能从即位到亲政阅历的事变太多了，加上他母亲皇太后布木布泰的教诲支持，显然他已有大将之风。在多尔衮死后不到十二天，他就命令大学士刚林等人先到摄政王府，把所有信符"收贮内库"。接着他在十二月二十六日又传谕议政王大臣等说：

　　　国家政务，悉以奏朕，朕年尚幼，未能周知人之贤否，吏、刑、工三部尚书缺员，正蓝旗一旗缘事固山额真未补，可会推贤能之人来奏。诸王、议政大臣遇紧要重大事情，可即奏朕。其诸细务，令理政三王理之。

当天多尔衮的亲信谭泰等人还回奏说："议推大臣，恐不免稍迟。"福临不以为然，回答他们说："迟而得当，何伤。但速而不得其人，是所忧也。"谭泰等人于是照小皇帝的旨意推选人事，大事都奏呈皇上。由此可以看出福临在他叔父多尔衮死后的旺盛企图心，他是想把皇权收归自己了。

福临在亲政大典举行之前，还下了几道命令，如顺治八年元旦免行朝贺之礼；礼部计划在亲政大典时热闹一番，他命卤簿照旧陈设，但免鸣鞭、鸣鼓钟，"乐设而不作"。他又叫户部停止江南三处织造的催督人员，停止陕西的蟒衣织造、皮货买办以及山东临清的烧砖等事，一则可以节省费用，再则也减少对地方的骚扰。由此可见顺治皇帝是有心要作内政上的一些改革。这场亲政大典举办得庄严隆重，皇帝在太和殿中，接受诸王群臣上表庆贺，大家对福临当天的表现，都认为很好，连朝鲜来的使臣都说："清主年今十四，而坐殿上指挥诸将，傍若无人。"可见其气度不凡。

亲政后总不免要颁降诏书、大赦天下，一方面告诉全国人民他已亲自治理，另一方面他也藉诏书阐明他上台后的治国大政方针，以及他对中外官员和人民的要求与期望。恩赦部分则是将一些加恩赦罪事具体化开列出来，要相关官员执行，目的在强调"政在养民"。

亲政后的顺治皇帝并不是如一般人想象中认为多尔衮既死，一切问题都已解决，相反地，他面临的困难与危险仍然很多，例如：

多尔衮的死亡并不表示他的势力全都不存在，如前所述，阿济格就是一个明显的例证。福临虽在效忠的王公协助下，定了阿济格的罪，并把他关入了牢房，但一时还不敢将他处死，到九个月后才命令他自尽，这也可以说明他的势力是不可轻视的。我们知道：清太宗皇太极在世时，他辖有两黄旗、正蓝旗，共有三旗。多尔衮领有正白旗，他弟弟多铎领有镶白旗。多铎死后，儿子多尼袭爵。多尔衮无子，以多铎第五子多尔博为嗣子，并将正蓝旗归属他自己名下，只说将来小皇帝亲政后再归还，实际上多尔衮在扩大自己的实力，管辖了正白、镶白与正蓝三个旗。顺治皇帝既失正蓝旗，而两黄旗又被多尔衮下令分隶无用但亲多尔衮的人领辖，所以在多尔衮摄政之日，从八旗大权管辖方面可以看出皇帝几乎是无权的。因此多尔衮一死，阿济格马上想夺得旗权，谋取两白旗等的领辖权。福临虽已亲政，但旗权高涨，而且不属于自己，实在是隐忧大患。

多尔衮在世，刻意布置人事，除八旗长官多与他有关系外，不少原属皇帝自将之旗的长官也因时势倒向于他。再说中央各部院的大学士、尚书、侍郎多为他任命的属下人，各省的总督、巡抚、布政使、按察使以及提督、总兵官等等文武官员也少不了与他有些关系。总之，无论从政治上、军事上或是经济上说，多尔衮的势力是布满当时清朝中外的，皇权可以说处处受到伸张的限制，顺治皇帝要成为一个有实权的君主，就得先要解决这些障碍才是。

如果我们再放眼看看当时的全中国，顺治皇帝亲政后也遇到不少困难。例如：

由于多尔衮时代实行剃发、圈地、逃人法等等政治措施，引起了不少汉人的民怨，甚至有起而武装革命的，使得抗清运动更为炽热。多尔衮派出的大军，虽然收到不少镇压的效果，不过到顺治皇帝亲政之日，云南、贵州、四川、福建、湖南、广东、广西等省区，很多地方还是被反清人士所据有。顺治皇帝接掌的清朝中央不能号令全国，因为当时中国是四分五裂的。

各地战争仍然不断，当时需要充足的人员与经费才能平定，从而巩固自己的统治权。可是八旗人口不多，兵源有限，"平定中原，统一四海，悉赖满洲兵力"是主观的愿望。入关已经七年了，大小战役不知发生了多少次，满洲兵力大有耗损。顺治五年（公元1648年）调查时，满洲八旗男丁只有五万五千三百三十丁，且多疲弱伤残，统一国家大业，以他们是赖显然不足。多尔衮时代的国家预算也不富裕，军费根本大得惊人，三饷废除了，但明朝军队一百多万人又投降清室，开支当然可观。明清交替之后，各地生产受到严重破坏，百业凋敝，物价腾贵；加上地方盗贼不宁，官方贪吏作恶，中央与地方的财政都有问题。顺治八年的一份文献中可以看出：当时清朝辖区内二百九十万顷的田地上，只能征得赋银二千一百万两，米麦豆类五百七十万石，这个数字，如何能负担国家人事的开支以及军费的需要？

据上可知：顺治皇帝亲政不是高贵皇位的取得，而是重大的责任在等待着他来负担。

二十八
清算多尔衮及其党羽

阿济格的狱案大兴，实际上就是多尔衮被清算的开始。

顺治八年（公元1651年）二月十五日，多尔衮生前的亲信正白旗议政大臣苏克萨哈等人，首告他们主子的罪行，说多尔衮死于行猎之地，侍女吴尔库尼将殉葬时，告知罗什、博尔辉、苏拜、詹岱、穆济伦五人，北京王府中有八补黄袍、大东珠素珠、黑狐褂等物，可偷偷放进王爷棺木内下葬。罗什等人后遵照而行。另外还有多尔衮企图在永平府一带圈房，令两白旗人马移驻。顺治皇帝得到报告后，立即命诸王大臣审查。在此同时，又有人告发何洛会依附多尔衮，曾经辱骂过豪格的儿子等事。经过诸王大臣审查的结果，确认告发的事都属真实，因此以多尔衮"私制御用服饰等件，又欲率两旗驻永平，阴谋篡逆"，应没收其所属家产，人口入官，其养子多尔博、养女东莪俱给信亲王多尼。何洛会犯"附党"罪，应凌迟处死，籍其家；苏拜不举发多尔衮棺内禁物，亦应处死。顺治皇帝得到诸王大臣的判决后，除苏拜免死外，其余的都"依议"，这是对多尔衮清算的第一步。

二月二十一日，济尔哈朗、满达海、博洛、尼堪四位亲王又联合内大臣上奏，"追论睿王多尔衮罪状"，他们提出的多尔衮犯罪事很多，重大的有：（一）以皇上之继位尽为己功；（二）独专威权，擅作威福，任意黜陟，一切文件自己裁处，概称诏旨；（三）不令济尔哈朗管理政务，擅以其弟多铎为辅政叔王；（四）谋死肃亲王豪格，逼纳其妃；（五）以朝廷自居，令诸王、贝勒、贝子、公等日候府前；（六）府第、仪仗、音乐、扈从人员都比照皇上的一样，任意浪费国家钱粮；（七）"亲到皇宫内院"；（八）诳称太宗皇太极之即位"原系夺立"；（九）逼取皇上侍臣归入他的旗下；（十）私制帝服，藏匿御用珠宝；（十一）欲带两旗移驻永平府等等。

顺治皇帝接到以上奏报，下令"在朝大臣"详细讨论，结果是大家都觉得多尔衮犯罪属实，应该进一步追办多尔衮的各项大罪。

大家既公认"多尔衮逆谋果真"，而且是济尔哈朗等人以前畏威吞声、不敢出言告发的事实，所以顺治皇帝也觉得这样"神人共愤"的罪行，不能宽恕，便下令："谨告天地、太庙、社稷，将伊（指多尔衮）母子并妻所得封典，悉行追夺。"这就是《多尔衮母子并妻罢追封撤庙享诏书》这一珍贵史料的内容（该文件仍存故宫博物院文献处）。至于"悉行追夺"的方式，据当时在中国的一位西洋传教士卫匡国（Martino Martini）说还包括其他报复手段："命令毁掉阿玛王华丽的陵墓，掘出尸体"，"用棍子打，又用鞭子抽，最后砍掉脑袋暴尸示众，他的雄伟壮丽的陵墓也化为尘土"（见《鞑靼战纪》）。朝鲜人所记的略有不同，他们只说："摄政王葬处，掘去其金银诸具，改以陶器。"不论谁的记事较真，但都足以说明陵墓被掘的事实。

多尔衮死后被追尊为成宗义皇帝以及他后来被罢追封撤庙享，是在短短两个月内发生的，真是人生如戏、荣辱无常，而政治斗争的残酷更是毕露无遗。

清算了多尔衮一人，并不能就此结束多尔衮案，因为这是一场大的政治斗争，涉及的人事很多，所以我们看到不久就陆续展开的对其他要人的清算了。

同年的闰二月二十八日，大学士刚林首先受到处分。如果谈迁的说法正确，刚林在多尔衮死后已经表态反多尔衮，他"日夜驰七百里"赶路，入京"偏告宗王固山等以为备"，防止阿济格政变。他又帮皇帝到摄政王府中取得所有信符，"收贮内库"，这些显然还不能将功赎罪。济尔哈朗等人认为他依附多尔衮多年，"朝夕献媚"，"巧言诳上"，又擅改国史中有关多尔衮生母的事迹，更重要的是他参与了多尔衮"逆谋"，所以罪无可逭，判处死刑，籍没家产，妻子为奴。另外一位大学士祁充格，也是因"谄附"多尔衮、擅改《太祖实录》以及隐匿多尔衮罪行等罪状判以死刑，籍没家产。顺治皇帝都予以批准。在这一波对文臣的牵连案中，汉人大臣范文程、宁完我、王文奎等人也被告发依附多尔衮，不过得到顺治皇帝特别加恩，未加杀戮。

四月间，又查出觉罗巴哈纳"阿附睿王"，将户部库存金银珠帛私送到多尔衮家中，"私厚两白旗兵丁"。巴哈纳给予革职处分，籍没家产三分之二。

同月被处分的还有冷僧机。原属正黄旗的冷僧机，后来投靠到多尔衮门下，得到多尔衮宠信。现在确认他帮多尔衮说话，污蔑两黄旗大臣，强调当年坚持主张立顺治皇帝的是多尔衮。冷僧机又为讨好，竟将珍贵的白狼裘献给多尔衮，而不献给皇上，由于这些"罪款炳据"，王公大臣会议决定冷僧机应判死刑，籍没家产，妻子入官。不过皇帝批示："姑从宽免死为民。"

同年八月，吏部尚书谭泰也被人告发，列罪状十多条，其中提到谭泰曾在多尔衮面前表示"我死亦在此门，生亦在此门"，其对多尔衮的忠心，由此可见。其他如"恭送孝端文皇后梓宫往昭陵，谭泰悍然不往"，以及迫害索尼、鳌拜等人不法事，议政王大臣会审后，认为谭泰及其子孙，俱应论死。顺治皇帝最后裁决："谭泰着即正法，籍没家产，其子孙从宽免死。"

顺治九年（公元1652年）三月，皇帝在一道上谕中，提到拜尹图、巩阿岱、锡翰、席讷布库、冷僧机五人依附多尔衮的事，他说："其所行事迹，朕虽明知，犹望伊等自知已罪，翻然改过，尽心竭力以事朕，是以姑置不发。岂意伊等不改前辙，轻蔑朕躬，扰乱国政，朕实不能再为宽宥。"皇帝命令诸王大臣严审再给他报告。王公大臣们当然望风承旨地找出很多不利于这五人的罪状，做出对他们严厉程度不同的两种判决，供皇帝做最后决定。顺治皇帝后来降旨说：

朕思拜尹图原系庸懦无能之人，其罪多被诸弟牵连，年已衰迈，姑免死，禁锢狱中。巩阿岱、锡翰、席讷布库、冷僧机等，俱着正法，家产籍没。

这五人家中的兄弟子侄，本来也是应该死罪的，结果皇帝从宽量刑："拜尹图弟男子侄皆免死，革去宗室为民，席讷布库子侄亦革退侍卫为民。"经过一年多的穷追猛砍，多尔衮的党羽多被清除，皇帝适可而止地只针对高阶人士予以清算，极少涉及下层，这样不但容易进行整肃工作，同时也不致引起动摇国本的政局波动。

曾经是叱咤风云的人物，带兵入关消灭汉族兵民二三百万的大统帅，也是大权独掌、言出令行的摄政王多尔衮，就此被打入了地狱。直到一百多年以后，乾隆皇帝当政时，才给他这位祖先昭雪，恢复原先的光荣地位。

对于刚刚亲政的小皇帝而言，打击和消灭多尔衮的势力，是他提高皇权、加强声望与巩固统治地位的惟一手段。政治就是那么现实，家人亲情与政治事功，常常是由不同标准衡量的。

二十八

清算多尔衮及其党羽

二十九

布置人事巩固政权

　　顺治皇帝和他的母亲布木布泰在满族发展的道路上，在亲身经历的骇浪惊涛中，充分体验到政治斗争的可怕，而政争惟一能取得胜利的凭借就是实力。皇太极继承大汗也好，福临登上大清皇位也好，还有多尔衮作威作福地当摄政王，全都是靠实力。因此这对母子在多尔衮死后，在推动消灭多尔衮的残余势力之时，开始做人事上的布置，来巩固自己的统治地位。首先他们想到正黄、镶黄、正白这三旗是他们家基本的靠山，尽管一度被多尔衮分化或占有，但是由于多尔衮对这"上三旗"首长们的迫害与打压，很不得这三旗的人心。现在这三旗又返回皇家手中，当然应该着意扶植，有了上三旗中一批忠贞人士的支持，就有了雄厚的政治、军事、经济力量，就可以让皇帝安稳统治，"下五旗"——镶白、两红、两蓝旗也就无能造反了。

　　如何来加强上三旗的向心力呢？顺治皇帝用了以下的一些方法：

　　第一，给被多尔衮迫害而发生冤案的人昭雪。如议政大臣杨善及其子罗硕、俄莫克图、伊成格，都是在顺治元年（公元1644年）四月遭何洛会诬告与肃亲王豪格谋乱，被冤杀的。希尔艮因顺治五年（公元1648年）肃王冤案而降三等男世职为三等轻车都尉。希福也是在顺治五年因得罪多尔衮的亲信谭泰而由大学士降为平民。祖泽润则是因劾奏阿济格仗势勒索房价，而在顺治五年被革职降级。还有噶达浑、敦拜、觉善、马喇希一批人，都在出猎时犯了小错，分别被多尔衮革职或降世职。顺治皇帝下令为当年的受冤人家、过分被罚人士平反，复职复爵，或给予其他抚恤。当然他的兄长豪格更是冤狱案中最大的受害者，皇帝也在顺治八年二月间封豪格的儿子富寿为和硕显亲王，并颁册文宣布豪格的伟大军功及被多尔衮迫害的事。

第二，嘉奖并擢用对皇室忠贞者及反多尔衮有功人员。如一等公图赖，他为清朝平定中国境内反清运动而阵亡。顺治五年追认他曾谋立豪格有罪，将他儿子辉塞所承袭的一等公爵革去。福临亲政后，感念图赖旧功，命配享太庙，谥昭勋，立碑纪绩，并复其子辉塞的一等公爵。遏必隆是在顺治五年遭人指控曾与其兄图尔格等人议立豪格，对抗睿亲王多尔衮，被革去侍卫并夺世职与牛录的，皇帝下令给他复职。他哥哥图尔格历任大臣、固山额真、吏部承政、内大臣，后因功封三等公，顺治二年（公元1645年）已死，五年又被多尔衮追认其支持豪格的罪，削掉他儿子科布梭的爵位。顺治皇帝为他平反，复科布梭的三等公爵，不久又晋升为二等公。希福是历事努尔哈齐、皇太极与福临三朝的旧臣，顺治元年被革大学士职降为平民。顺治皇帝为嘉奖他过去的功劳，特别进封他为三等子爵。还有巴哈出身名门，在皇太极时代即任议政大臣；顺治初年随豪格征四川有功，屡进世职至一等轻车都尉；顺治六年（公元1649年）要求从征山西姜瓖不准，在多尔衮前拂衣而起，受到罚银赎命的处分。当时众将都谄媚多尔衮，"巴哈兄弟独不附"。后来豪格冤死，在两黄旗受命处置豪格幼子富寿时，巩阿岱以为："这种苗裔，不全诛杀，养之何用！"力主斩杀。巴哈及内大臣哈什屯坚决反对，富寿才幸免于难。巩阿岱后来又想陷害巴哈，亦未完全成功。顺治皇帝因此复授他为议政大臣，进领侍卫内大臣，世职累进至一等男。如前所述，索尼是拥立皇太极之子继承皇位的大功臣，当然被多尔衮视为眼中钉，顺治五年因牵连谋立豪格案，贬守昭陵。福临亲政后，将他召还北京，晋升他为一等伯，擢内大臣兼议政大臣，总管内务府，成为顺治后期朝廷中位高权重的人物之一，康熙初年变成四大辅政大臣的一员，原因即在于此。隶属镶黄旗的鳌拜，更是大家熟知的权臣，也是力拥福临继统的人，入关后，从征湖广、四川、贵州等地，颇有军功。顺治五年也因涉及豪格案，被认定他支持豪格、反对多尔衮而治罪，夺去一等侯世职。顺治七年多尔衮死前又被降级为男爵。福临亲政后，对黄旗忠心老臣尽力拉拢，先授他议政大臣，后晋升为二等公、领侍卫大臣等职。此外像正白旗的苏克萨哈，他最初是依附多尔衮的人，所以在顺治初期连升职位。入关后第二年授牛录章京世职，顺治四年晋三等甲喇章京，七年更晋为三等男爵。多尔衮死后，他首先出面告发多尔衮谋逆罪行，因而擢升为议政大臣，担任巴雅喇纛（满语，意为精锐军旗）的世职章京。上三旗得到如此待遇，当然感恩而效忠皇室了。

第三，对下五旗属人的嘉奖升授。福临知道如果只重用上三旗大臣武将，必然引起下五旗人的不满，所以他也对于正红、镶红、正蓝、镶蓝以及镶白旗人中效忠朝廷的给予奖励。像正红旗的梅勒额真觉善，遭过多尔衮的迫害，顺治皇帝恢复其世职，擢用他为都察院左都御史，后来还晋升为三等子爵。又如镶蓝旗的长官蓝拜，升为尚书，累进世职为二等轻车都尉。还有一个例子也可以在此一述，星讷是正白旗人，不是下五旗，不过他和阿济格关系极好，因此入关后即当上了尚书高官；顺治三年因破大西军有功，加太子少保；六年从征山西姜瓖，累加世职至二等男爵。顺治八年阿济格大狱兴起，他被夺官削世职。顺治皇帝见他有心效力，而且对阿济格旧属仍有影响力，于是又命令他担任尚书、议政大臣等要职。

从以上的布局中，我们可以看出福临的政府组成了以索尼、鳌拜、遏必隆、巴哈等两黄旗大臣为核心的队伍，而又笼络了一批下五旗的效忠人士，使得他的统治地位稳固，可以顺利地施政了。

不过，还有一位极为重要的皇亲贵族，他是不能慢待的，那就是济尔哈朗。

在福临亲政后，宗室中老一辈的亲王全都过世了，济尔哈朗是硕果仅存的一位。他当初不是全力支持福临继统的人，甚至可以说他与多尔衮是一派的。由于多尔衮不断地对他打压，初则罢其辅政、后又降他为郡王，直到多尔衮去世，他才又东山再起，而且地位突出，起的作用甚大。福临对这位叔父不能不加以提防，又不能给他压制。顺治皇帝在亲政之初，对他极有礼貌，特别降谕说郑亲王济尔哈朗年老，"一切朝贺、谢恩，悉免行礼"。又封他的长子富尔敦为世子，次子济度为多罗简郡王，三子勒度为多罗敏郡王，这在当时可以说是旷典殊恩。后来皇帝又任命济尔哈朗为议政王之首，济度与勒度也当上了议政王，这一家可以说光彩之极，当然没有理由反叛朝廷了。

不过，福临也怕宗室诸王，特别像济尔哈朗这样的亲王，权力过大，侵犯到皇权，所以他也做了另一番工作。顺治九年（公元1652年）二月十八日，他更上层楼地加封济尔哈朗为"叔和硕郑亲王"。这个"叔"字，本来他在福临继承大位时就有的，后来给多尔衮拿掉了，转送给了他亲弟弟多铎，现在又加诸济尔哈朗的"亲王"爵位上，肯定了济尔哈朗的地位高过一般的亲王。但是福临在封"叔王"的册文中，有一些值得吾人仔细推敲的文字，现在举例如下，供大家一读：

（一）册文中说是皇太极死时，"宗室众兄弟乘国有丧，肆行作乱，窥窃大宝，当时尔与两旗大臣坚持一心，翊戴朕躬，以定国难"。这是说济尔哈朗功在立福临为帝，但把他与"两旗大臣"作了区别。

（二）入关后的战功在册文中也提到很多，但话锋一转说到"睿王心怀不轨，以尔同摄朝政，难以行私，不令辅政，无故罢为和硕亲王"。这说明福临肯定他在平定反清运动中的战功；同时，也有意挑起他被多尔衮压抑的旧恨。

（三）这次加封的"叔王"正式名称为"叔和硕郑亲王"，不是在关外的"摄政叔王"或"辅政叔王"，甚至也不是福临在北京再即帝位时的

"信义辅政叔王"。由此可见这根本不算"加封"，在权力掌控来说，显然是不如以前，而且册文中还附带了一句"知尔持心忠义，不改初志"才封的，济尔哈朗要想保持这个"叔王"尊号，也只有永远持以忠义之心为皇帝服务了。

同时在"加封"济尔哈朗的前十八天，福临还对内三院降了一道谕旨说：

> 以后一应章奏，悉进朕览，不必启和硕郑亲王。

这根本是针对限制济尔哈朗之权力而发的，十八天后封他为叔王，只能看作是一点安抚、一点补偿而已。

经过以上的这一番人事布局，福临的统治基础变得更为坚实了。

　　如前所述，多尔衮在临死之前，想盖一座避暑之城，因中央经费无着，决定要向各省人民加派，可见当时国家财政的情形。顺治皇帝亲政以后，国库当然仍是入不敷出，推究其原因，不外战争的兵饷、武器、马料等费用惊人；王禄官俸的人事开支可观；赈济民间的拨款不断；重建毁坏宫殿的花费巨大等等。财政困难严重威胁到政权的存在，福临既已亲政，当然必须设法解决这一大难题。

　　开源节流是解决财政问题的千古良方，福临也是从这句名言上开始的。他先以身作则地从宫中节省，降谕停止陕西贡柑子、江南贡橘子、河南贡石榴、四川贡扇柄、湖广贡鱼鲊。又命江西烧的龙碗、陕西买办的皮张、山东造的宫殿用砖等等都予减少或停办。一切不急的工程和修理寺庙等项也令停罢。宫中与王府的御用人员能裁即裁，或予减少。尽管由此而节省的费用不多，但也不无小补。其次他又下令裁减冗兵、冗官、冗费，结果在登莱、宣府、江宁、杭州、西安、汉中等地裁去了一些巡抚与驻防满汉兵丁，加上有关的草料、口粮，为数实在不少。而军中裁减的人士，节省国家支出更多。顺治十年（公元1653年），陕西总督孟乔芳裁兵一万二千名，一年就省下三十一万两的军饷。"国家钱粮，每岁大半皆措兵饷"的情形，获得一些改善。另外户、礼、工三部制造等库内三百九十余人，除留少人外，其余都予裁革。各道御史被裁的有二十人。詹事府与直省诸卫所也有裁员。这些裁员当然为国家省下大批人事费用。

节流之外，更重要的是开源。顺治皇帝在这方面也做出了一些新措施。在他亲政之初，尽管有人建议他说开封的前明周王府宝藏"尽沦于巨浸"，可以设法捞出，李自成也有失散的金银大砖，张献忠更将"巨万银两、珠宝，埋沉于成都锦江"，也可派人去寻觅，三年之内必可"搜尽天下遗银，以资兵饷"。这几乎是不劳而获地发一笔财。福临不以为然，他认为："帝王生财之道，在于节用爱民，掘地求金，亘古未有。"他是想从务实的方面着手，增加政府的收入，解决财政问题。

顺治九年（公元1652年）八月十九日，礼科给事中刘余谟上奏请屯田。他说"国家钱粮，每岁大半皆措兵饷。今年直省水旱异常，处处请蠲请赈"，政府支出太多；古训中有"兵饥则叛，民穷则盗，关系非小"，因此他建议："湖南、四川、两广初定，地方荒土极多"，"统兵诸将及地方官，凡遇降寇流民，择其强壮者为兵，其余老弱悉令屯田"。皇帝认为很好，"着户、兵二部确议速奏"。同年十月三十日，大学士范文程等也以各省钱粮缺额四百多万两，建议屯田。他并具体地提出四点看法：兴屯宜选举得人，开垦宜收获如法，积贮宜转运有方，责成宜赏罚必信。福临觉得"此所奏甚是"，命议政王大臣会议具奏。由于不少官员主张屯田生产，从顺治十年起，在受战争破坏的地区便掀起了屯田热潮。政府发给耕牛种子，招民开垦，实行三年起科，因而荒地逐渐恢复了生产。辽东一带更实行招民垦荒授官令，鼓励人民去辽东开发。后来又下令鼓励富人垦荒，凡"能开至二千亩以上者，照辽阳招民事例，量为录用"。如此一来，参加垦荒的人变得更多了。顺治十四年（公元1657年），政府又公布《督垦荒地劝惩则例》，规定总督、巡抚及地方中下级官员，在一年内按垦荒数量给以记录或加升一级的奖励；十五年冬，又实行捐资开垦法：

"其州县土民暨见（现）任文武各官并闲废缙绅，有能捐资开垦者请敕部，从优分别授职升用。"经过这一系列的优待、奖励办法，各地开垦出的荒地确实不少，仅河南一地，到顺治十五年就开垦出荒地九万多顷，每年约增加赋银四十万八千多两。这数字虽然不多，但对当时困敝不堪的社会经济来说，实在起了一些复苏的作用。

由于战乱的关系，隐匿土地是当时普遍的现象。顺治皇帝亲政后，对隐匿土地实行宽大政策，准许他们自行出首，尽行免罪，"其首出地亩，即以当年起科，以前隐漏钱粮，概不追理"。对于"为豪强侵占，以熟作荒"的原属明代的王田，福临命各地官员彻底清查，"房屋应行变价，地土照旧招佃"，以收"粮租兼收"的实效。

历经战事之后，很多地方农村破产，地方官无法收税，以致拖欠钱粮的人很多，官员拖欠钱粮必遭参处，被降调的到处可见。但是新旧官员交代时"反误催征"，导致"官虽屡更，而拖欠如故"。顺治皇帝有鉴于此，命令以后因钱粮降调的官员，都降级在原任地督催，完成时再官复原任。这虽是技术问题，但也对增加国家税收有些帮助。福临后来发现地方官拖欠钱粮还不完全是单纯的人民穷苦无法纳税的问题，有些拖欠是因官员挪用，乡绅、生员、土豪抗不纳粮而发生，所以他又提出修订钱粮考成则例，视拖欠情况，对各级官吏分别做出处分。为使国家征收赋税制度化，顺治皇帝又命令加速制订《赋役全书》，让无据征粮的弊端不致发生。这部全书由户部稽核钱粮原额，总载地丁原额，次列土地荒芜、人口逃亡，再列征税数量及起运地点、存留细数。有关新垦土地，招徕人丁，续入册尾。《赋役全书》颁行之后，"庶使小民遵兹令式，便于输将；官吏奉此章程，罔敢苛敛"。福临的这一工作，可以说是对当时赋税上的一大贡献。

经过顺治皇帝的一番努力，国家财政似乎有了起色。现在根据户部顺治十一年（公元1654年）六月二十五日的一份报告，可以看出若干进步的所在：

（一）以前国库空虚，顺治八年（公元1651年）底大库只存银二十多万两，而京城里的官员俸禄就要支付六十万两，严重地入不敷出。到顺治十一年六月，户部有存银二百六十多万两，这是清朝入关以来第一次国库有盈余，实在难能可贵。

（二）由于土地的开垦，赋税相对地增加了，在这份户部的报告中，清楚地说明在顺治八年共征银二千一百一十万一百四十二两，两年多以后的顺治十一年夏，征地丁银的总数为二千五百二十五万多两，增加的幅度近五分之一，可以说速度很快、数量很多。当然就当时军费等国用而言，这一点收入是不够的，不过就福临只亲政两年来看，成绩已经可观了。

　　明清之际是中国人大苦难的时代，一方面因为多年战乱，造成兵民穷困，流离载道。另一方面也因清初的剃发、圈地等弊政，引起社会的不安。加上灾害四起，水旱频仍，以致全国各地田园荒芜，百业凋敝，民贫之极，兵困之极。若干战乱地区，到顺治九年（公元1652年），仍然是一片凄凉景象。湖广四川总督祖泽远在到任后上奏说："荒村野火，寥落堪悲，鹄面鸠形，死亡待踵。民穷于财尽，兵弱于力单。"省会武昌"徒存瓦砾，编蒲暂息"。地方破坏与军民窘困情形，由此可见一斑。

　　福临的母亲布木布泰阅历丰富，她必然也从满族王公官员们口中听到当时中国各地的惨状，所以她在福临亲政后不久便训示他说："民者，国之本。"要成为"天下主"，必须做好"经国理民"的工作，而且要"综理勿倦"，彻底地做下去，努力地做下去。福临虽年幼，据说他亲政时"阅诸臣奏章，茫然不解"；不过他不断地听取大臣们的建言，仔细研究大家的奏章，因而对军民的痛苦，很快就有了相当的了解。他又用"求直言"的方法，要大臣们给他不要忌讳地提意见，供他参考。大臣们也遵旨办了，如吏科右给事中魏裔介说过："方今畿辅多失业之民，吴越有水潦之患，山左荒亡不清，闽楚馈饷未给，两河重困于畚锸，三秦奔疲于转运。川蜀虽下，善后之计未周，滇黔不宁，进取之方宜裕。……"寥寥数语，已经将大问题具体地勾画出来了。也有人像季开生那样，干脆把地方官吏的害民要处指出，如格诏旨、轻民命、纵豺虎、重耗克、阴市易、喜株连、庇狐鼠等等，希望皇帝能改革这些弊端。经过一段时间的召见群臣，览读奏章，聪明的福临当然对当时的政局与财经大势有了了解，因此他开始务实地、具体地与大臣们讨论解决问题之道。

顺治十二年（公元1655年）正月十九日，他一共颁降了四道谕旨，其中三道是给吏部、都察院等衙门的，一道给户部。这些谕旨的内容与军民困苦，"时艰莫救"有关。他在谈到"比年以来，水旱频仍，干戈未靖，转输旁午，人不聊生，荡析离居，鬻及妻子，茕茕无告，辗转呼号"时，他认为人民必归咎于他。他又想到祖宗的付托，"中夜以兴，潸焉出涕"。他实在想帮助这些军民，但是政府无钱无米，又不能大量减赋，因为国家也面临财政问题。他希望各部院衙门拟出可行办法。事实上他能做的已经做了，如亲政后就先后下令停筑多尔衮想建的避暑之城，免得又向各省人民加派钱粮。还有烧龙碗、造城砖、买皮货、贡方物等等，一切劳民伤财的事都停止，好让人民休养生息。

后来经与大臣们商议，认为减租免税是对人民最直接的加惠，亲政日在大赦诏书中虽已对若干地方田租丁银作不同程度的减免，但还不够。因此在顺治八年至十一年（公元1651～1654年）间，他常以恭上母后尊号而大赦天下，或蠲免人民以前拖欠的钱粮，或不追索各处解运途中遇劫的国帑，或不准重派田亩，或严惩私加火耗。这些命令对改善人民生计是有好处的。顺治十二年正月，顺治皇帝又谕户部：

　　　自今以后，各地方钱粮，凡横敛私征、暗加火耗、荒田逃户洒派包赔、非时预征、蠲免不实、灾伤迟报、踏勘骚扰、妄兴词讼、妨夺农时等弊，一切严行禁革，有违犯者，该督抚即行纠参，以凭重处。

严办不法官员，革除地方弊政，当然对人民生活改善有帮助。

顺治十四年（公元1657年）三月，皇帝又颁布"恩例"二十三款，要求对失业离散的贫民，"有能赈恤，全活五百人以上者，核实记录，千人以上者，即与题请加级。其有绅衿、富室尚义出粟，全活贫民百人以上者，该地方官核实具奏，分别旌劝"。这是鼓励地方官员与乡绅、富人参加顾恤人民生计的办法。

顺治十五年（公元1658年）正月，福临因为母后病愈，又颁诏大赦天下，豁免人民拖欠的钱粮。

皇帝也曾多次降谕，蠲免无主荒田与遭受灾荒之州县的钱粮。顺治八年、十年，就有山西、山东、安徽、直隶、江西、湖南、河南等地受到实惠。荒地常以万顷计地免征赋租，而水灾、蝗灾、雹灾、兵灾、旱灾则按受灾程度作不同的蠲免。

对于遭灾严重的地区，除免税外，皇帝还常命令拨发银米赈济。顺治十一年（公元1654年）二月二十三日，他就降谕户部等衙门说："比年兵事未息，供亿孔殷，加以水旱频仍，小民艰食，地方官不加抚绥，以致流离载道。夫普天率土，系命朕躬，而困苦如斯，何忍闻见，朕为之寝食不遑，拯济安全，时不容缓。"并命户部查明库存银两实际数字，以便赈济。后来皇太后又捐银四万两，皇帝发御前节省银四万两，加上户、礼、兵、工四部库银十六万，共二十四万两，分赴八府地方赈济。福临做事细心，命令各往赈官员要计口给赈，须赈济如法，及时拯救，不管是本地人或流寓来的，只要是饥民，就得全部赈济。

不仅如此，福临还命令官员制定迟报灾情的处分条例，凡直省有灾，先以灾害的情形入报，夏灾限在六月分报，秋灾在七月分报，州县官如果有逾期半个月不报的，罚俸半年，一个月不报的，罚俸一年，一个月以上的罚降一级，两个月以上的罚降二级，三个月以上的革职；地方高级官员抚按道府若逾期呈报，也要照例一体处分。这些处罚条文，当然也是为爱民而制定的。前面讲过的《赋役全书》，虽然与国家赋税的盈亏有关，但也关系到"民生休戚"，皇帝是想"务令朦混永除，横征立止"，有着"体恤民隐至意"的目的。

另外，清初的圈地、投充、逃人法诸弊政，确实损害到部分省区人民的经济利益。例如圈地一项，造成严重的社会问题，"民多失业"，很多人背井离乡，"妇子流离，哭声满路"；而满族亲贵与将领圈得土地之后，竟有用作"畋猎、放鹰、往来下营之所"。他们既不好好地生产，也减少了国家的田赋收入。福临在亲政后就向户部官员斥责过八旗贵族欺压农民，"夺其耕耨之区，断其衣食之路，民生何以得遂？"于是命令户部行文给有关地方官："将前圈地土尽数退还原主，令其乘时耕种。"顺治皇帝的意思是良好的，但在当时情况下，根本不可能做到退还原主，至多也只是暂时抑制大肆圈地的风气而已。圈地真正的停止，要等到康熙时代以后了。又如投充到满族人家的汉人，在多尔衮摄政时代，声称是"为贫民衣食开生路"；但是一经投充，无异是奴隶，失去人身自由，并任听主人买卖，这是投充人当初始料未及的。还有投充到满族人家的汉人地痞无赖，他们借着主人势力"夺人之田，攘人之稼"，也造成民间的经济损失。多尔衮摄政时代就已经下令制止，福临上台后，也做了一些惩罚规定。逃人更形成当时社会经济的严重问题。当奴隶的汉人，不堪满族的凌辱与剥削，纷纷逃离主家，另谋生路。尽管政府为保障满人权益，大事捕捉逃人，但到福临亲政后一年的顺治九年，仍然是"满洲逃人甚多，捕获甚少"。福临不能不照顾本族人权益，他在亲政大赦诏书中就说：隐匿满洲逃人者，罪在不赦之列。不过后来他又采用了比较折中的办法，希望满汉官员一体努力，帮他来惠养人民。然而，终顺治之世，这三大弊政始终未能彻底革除，福临只是尽力做了一些革除的工作而已。

顺治皇帝对当时盐政弊端也有所了解，他曾对户部官员说："细思盐课正额，自应征解。若课外余银，非多取诸商人，即系侵克百姓，大属弊政。"因此他令各盐差御史与各盐运司"止许征解额课，不许分外勒索余银"，违反的一定法办。驿政的害民也是福临关心的。他认为："年来四方多故，兵马络绎，差遣繁多，驿递疲困，至今日已极。乃奉差官员全不知地方苦楚，勘合火牌之外，咨意苦索。驿夫不足，派及民夫，骚动里甲，甚而牵连妇女，系累生儒。鞭驿官如罪犯，辱州县等奴隶，以致夫逃马倒，罢市止耕，上误公务，下害小民，深可痛恨。"他要求兵部传旨：对不法人员，无论层级多高，"各地方官即指名申报，该督抚飞章参奏，以凭重处"。

以上这些顾惜军民生计的措施，在顺治时代，因各地戎马倥偬、国库不丰，当然很难从根本上扭转军民窘困的局面，但多少减轻了黎民的负担，改善一些苦难处境，为促进社会生产的恢复与发展，为缓和满汉民族间的紧张，都能提供一点有利的条件。

三十二
除恶霸、安地方

　　顺治皇帝为了让人民有休养生息的好环境，他又大力地在中央与地方消除恶霸势力与威胁人民生命财产安全的盗匪。

　　清朝入关初期，各地常有打散的大顺军与大西军为害，也有少数不法盗匪乘机打家劫舍，造成社会不安，人民家产损失。多尔衮与福临都前后一致地以消除这些不安源头为首务，用剿抚兼施的方法来解决问题。例如招降乱兵或盗匪，只要他们改邪归正，即给予自新机会，任由他们为兵为农，解决他们的生活问题。当然不受招降的即以大兵镇压，务期地方得到安定为止。不过，顺治一朝，抗清战事此起彼落，要想完全解决这类问题实非易事。福临亲政后第三个月在一份上谕中说：

　　　　朕思各处土寇，本皆吾民，或为饥寒所迫，或为贪酷官吏所驱，年来屡经扑剿，荡平无期，皆因管兵将领纵令所部杀良冒功，因而利其妇女，贪其财帛，真贼未必剿杀，良民先受荼毒，朕甚痛之。嗣后各该督抚所属境内，有贼寇依山伏莽、啸聚焚劫者，即广侦密探，责令领兵官星驰相机剿抚，勿令滋蔓，其附近

128

贼巢居民，不得借搜捕为名，一概杀抢。至从贼营逃出难民、
难妇及真贼革心投顺，即与讯明安置完聚，不许仍前杀掳。如有
零星贼党窜伏村落者，责成道将有司，设法掩捕，不得轻动大
兵，使玉石俱焚。倘被人首告为贼者，该地方官须详审实情，勿
听仇扳株累。……如地方官仍蹈故辙，纵贼害良，着该督抚指名
参奏，治以重罪。如该督抚徇情隐庇，经部臣参奏，定行一并
治罪。

由此可见当时地方上还有土寇为害，后来随着战事的区域缩小、各地
经济条件的好转，散兵游勇与地方土寇也稍见减少了。

顺治朝另一类造成地方不安的因素是满洲亲贵以及他们的属下人欺凌
汉人。早在多尔衮摄政时代，就有一些满族特权人物在北京城中逼汉人让
出房屋，以便实行满汉分居，在迁让过程中，常常不等汉人搬移，即"令
旗下管业"，当然造成很多民怨。另外，满洲人一向怕患天花，真是谈痘
色变。入关后即下令："凡民间出痘者，即令驱逐城外四十里。"相关官
员执行命令不善，"有身方发热及生疥癣等疮，概行驱逐者"，结果"贫
苦小民，移出城外，无居无食，遂将弱子稚女抛弃道旁"，情况至为凄
惨。还有满洲旗人"霸占市井贸易"与"强买市物"，这现象到顺治十七
年（公元1660年）还存在，连朝中的元老重臣索尼都看不过去，上奏请严
加禁止，福临当然下令同意查案。对北方民间更为骚扰的，是一些投充人
的仗势欺人，给良民与地方带来的不安。福临亲政后不久，在顺治八年二
月十九日，即降谕户部说：

国家首重体统，尊卑原有定分。近闻满洲拨什库及庄头、投
充人等不守法度，罔顾尊卑，骑马直入府州县衙门，与府州县并
坐，藐视命吏，任意横行，目中既无官府，何况小民？其欺陵鱼
肉不问可知，深可痛恨！尔部即出示严行禁止，并行文各府州

县，如有拨什库人等，仍前无故擅入官府衙门及陵侮官员、欺害小民者，即擒拏解部，从重治罪。

当时的地方志书与私家诗文著述中也有提到这些投充人狐假虎威，"鲜衣怒马，横行乡里"等不法行为的。后来皇帝发现投充人的主人若能管束严厉的话，属下奴才当然不会如此嚣张，所以他又在同年七月再降谕户部称：

数年以来，投充汉人生事害民，民不能堪，甚至有为盗、窝盗者，朕闻之不胜痛恨。帝王以天下为家，岂有厚视投充、薄待编氓之理？况供我赋役者，民也，国家元气赖之。投充者，奴隶也，今反借主为护身之符，藐视有司，颠倒是非，弁髦国法，欺压小民，若不大加惩治，成何法纪？自今以后，上自朕之包衣牛录，下至亲王、郡王、贝勒、贝子、公、侯、伯、诸臣等，若有投充之人仍前生事害民者，本主及该管牛录果系知情，问连坐之罪，除本犯正法外，妻孥家产尽行入官。……尔部刊刻告示，严行晓谕，务使天下咸知。

经过这些严厉命令的颁布，投充人在地方上为害事件大为减少。

顺治年间，皇帝亲政之后，为了清除恶霸势力，安定地方，还做一些"打老虎"的大动作，向大恶势力的人士开过刀。现在且举二例，作为说明：

一是顺治九年底的李三案。李三本名李应试，原是明朝的重犯，后来漏网出狱，"专一豢养强盗，勾聚奸枭，交结官司，役使衙蠧，远近盗贼，竞输重赀，南城铺行尽纳常例，明作威福，暗操生杀"。他在北京崇文门"自立规则，擅抽课钱"。

他的侄子杀人，死者家属也不敢告官。福临认为如此罪大恶极之人，不能不法办，于是命刑部将他处死。第二年正月十八日，皇帝到内三院与大学士们谈话，问起李三的事说："李三一细民耳，而住居之外，复多造房屋，每间修饰整齐，其何故也？"洪承畴回答说："其修造房屋分照六部，或某部人至或自外来有事于某部者，即延入某部房内。"同月底，福临又问："李三为民大害，诸臣畏不敢言，鞫审之日，宁完我、陈之遴默无一语，叔和硕郑亲王诘责之，之遴始云：'李三巨恶，诛之则已，倘不行正法，之遴必被陷害。'观之遴此言，岂非重身家性命乎？"陈名夏回答说："李三虽恶，一御史足以治之，臣等叨为朝廷大臣，发奸摘伏，非臣所司。且李三广通线索，言出祸随，顾惜身家，亦人之恒情也。"从这几段君臣对话，我们不难看出当时李三的恶势力之大，以及大学士们对他畏惧的情形。不过，福临还是将李三处斩，而且枭首示众，以示杀一儆百。

北京城里还有一案与李三案同时法办的，是潘文学不法案。潘文学"身充马贩，潜通贼线，挑聚膘健马骟（骡），接济远近盗贼"，"每次多或一二百匹头，少或数十匹头，群盗得骑，如虎生翼"。潘文学又"交通官吏，打点衙门，包揽不公不法之事"，甚至有文武官员常与他"投刺会饮"，"道路侧目，莫敢谁何"。皇帝也认为他"罪不胜数"，命刑部将他拘提，最后也以"枭斩"结案。

福临在惩罚了李三与潘文学之后，特别还说了"奸恶去则民安，民安则朕心始安"，并命令各官今后若再有徇庇纵放等事，"法不尔贷"。

从以上的一些实例似乎可以说明顺治皇帝为了"民安"，确实大刀阔斧地做了若干的事情，小皇帝的企图心与求治心也从而可窥知梗概了。

三十三
严惩贪官

有人说一部中国史就是连续的贪污史，这句话实在是夸大之词。不过，贪污确是古代中国难以治愈的顽疾，无论明君贤相如何地努力去肃贪、禁贪，贪案仍是不能根除，清朝入关初期也不例外，尽管多尔衮与福临力主惩贪，但成效还是有问题。虽然如此，福临亲政后在这方面表现很好，值得一述。

顺治八年（公元1651年）闰二月初七日，福临降谕吏部说：

> 迩来有司贪污成习，皆因总督、巡抚不能倡率，日甚一日。国家纪纲，首重廉吏，若任意妄为，不思爱养百姓，致令失所，殊违朕心。

两天之后，皇帝又对吏部官员说："迩来吏治，不肖者刻剥民财，营求升转，不顾地方荒残，民生疾苦。"所以他命令各省督抚"严加甄别"，参劾劣员，保奏贤才。同月底，他又给都察院降谕，详论贪污之事，提到"朝廷治国安民，首在严惩贪官"，不过也不能乱加罪名，一定要审查确实有贪污事实才能严办。而且，正如他在亲政大赦诏书中说的，贪污案件"遇赦不宥"。甫上台不久，一个月内接连发出三道谕旨，都谈到贪官的事，并重申贪官不赦，福临的惩贪显然是下定了决心。

两年多以后，他见到贪风仍炽，便想以重罚来止贪，于是在顺治十二年（公元1655年）十一月初下令："嗣后内外大小官员，凡受赃至十两以上者，除依律定罪外，不分枉法不枉法，俱籍其家产入官，着为例。"这项命令非常凶猛，因为贪污原本的处罚是交出赃银，不太严重，现在家产全数充公，可比赃银多得多了，而且只要贪十两以上就被如此重罚，实在可怕，当然会产生止贪的效果。

顺治十五年（公元1658年）十月，有位江西道监察御史许之渐上奏说：

> 财赋之大害，莫如蠹役，有蠹在收者，有蠹在解者，有蠹在提比者，有蠹在那移支放者，所侵累万盈千。有司恐此蠹一毙，无从追补，至本官以参罚去，而此蠹历久尚存，前无所惩，后无所戒。请敕该抚按，将从前侵蠹姓名数目，逐一清查，籍其家产，将侵多者立斩市曹，侵少者实时流徙，捐此所侵之数，以清积蠹之源，未必无小补也。

福临对他的建议认为是"所奏深切时弊"，命有关主管仔细研议报告。这又是一次对贪污官员的立严法。半年以后，皇帝又有了新构想，于是对刑部发出了新命令，他说：

> 今后贪官赃至十两者，免其籍没，责四十板，流徙席北地方，其犯赃罪，应杖责者，不准折赎。

乍看起来，似乎皇帝把法条改轻了，其实不然。这里有两点值得注意，一是充军到席北地方，这是边远苦寒的所在，不比沈阳这些都会，罪犯常常不能走到席北就死于路上了，即使能到目的地，极终的命运也是客死他乡。二是"不准折赎"，折赎就是罪犯可以纳银赎死赎杖，新法条不准以金钱来代替，罪犯也就非死或非受杖不可了。看你要钱还是要命！

从以上不断立法、不断加重处分，我们可以看出顺治皇帝对贪污官员的惩处是前后一心、有持续性的。不仅如此，福临惩贪的决心还可以从以下一些事件中窥知：（一）顺治十三年（公元1656年）九月，山东巡按刘允谦上奏，请皇帝准许暂时不将贪官张晖、周一聘等人处死，待追完赃银后再行处决。福临批示："贪官污吏，问拟秋决，即按期处决，何得以追赃未完，又请监候？以后凡系贪污应秋决者，不许再请停决，着永著为例。"可见皇帝是铁了心要严惩贪官污吏。（二）顺治十三年十二月立董鄂妃为皇贵妃，董鄂氏是他钟爱的人，可是在立妃恩诏里还是重申了贪赃之罪，一律不赦。（三）顺治十七年（公元1660年）九月，凤阳巡抚林起龙也为贪污处分太严，使得犯罪人"不吐真赃"，"岁少赃赎，以致亏饷"，希望皇上"施浩荡之仁，收充饷之实"，仍按以前旧有法条，惩治贪官。福临起先命九卿、科道官员们一齐集会研究，再给他报告。众大臣后来决议：林起龙之建议可取。不过，顺治皇帝可不作如此想，他的最后裁示很值得一读：

夫与其畏法不招，何若使其畏法不贪；与其餍足贪腹，以赃济饷，何若使其不贪，民得丰裕，国赋亦丰。朕明知立法既严，于贪官蠹吏有所不便，必怀怨心；但轸念民生，即为贪蠹所怒，亦不遑恤，若不如此，贪风何由止息，小民何日安生。仍着遵前谕行。

由于福临如此地嫉贪如仇，所以在他十年亲政期间办了不少贪案，交出了很好的成绩单。现在先就荦荦大者，略述其梗概：

（一）从顺治八年到十七年，办理过的大小贪案，据《清实录》与《明清档案》等史料中所记，至少有五六十件，平均每年有五六件，而以顺治八年与十二年的案发率为高，这可能与他上台之初以及制定十两赃银就将家产没官的规定有关。

（二）贪官包括总督、巡抚、布政使、巡按、道员、知县、刑部司官、察灾御吏、总兵官、侍卫等等，另有若干衙役，只因贪银十两上下，也都按律严惩。

（三）顺治朝的贪案中最著名的是严办了一督八抚，即漕运总督吴惟华、江宁巡抚土国宝、山东巡抚耿焞、云南巡抚林天擎、河南巡抚贾汉复、陕西巡抚张自德、宁夏巡抚孙茂兰、四川巡抚高民瞻。其中吴惟华官位很高，封恭顺侯、太子太保，他因贪银一万一千多两案发，逮捕回京审问，由于他的战功很多，特免死罪，但被革职削爵，追赃入官。土国宝行私加派，又利用亲属贩卖私盐，先后受赃数万两。顺治皇帝严谕革职查办，土国宝后畏罪自杀。耿焞则利用职权索取赃银六千多两，三法司议定将他立斩，但他先在狱中病故，所以没有被弃市，其家产仍予没官。林天擎、贾汉复两位巡抚，也因贪赃被人告发，勒令革职查办，不过他们有人撑腰，而又在案未结时福临就病逝了，所以没有遭处极刑，反而到康熙年间又东山再起。其他张自德、孙茂兰、高民瞻都被革职，也有永不叙用的。总之，巡抚八人先后因贪案或死或丢官，占了当时全国巡抚人数的一半，福临惩贪的决心由此可知。

（四）顺治十二年，皇帝新订了官员受赃十两以上即籍没家产的严厉法条，现在在史料中还可以看到一些小官发案在先，但处分却用新法定罪的。如江南宝应县知县祁登第贪污一百六十六两七钱一分；直隶长垣县书吏陈中元讹诈里民白银三十八两；景州衙役赵光斗、孙秉政、张宣我接受士绅贿赂五十六两、二十八两、十四两，这些小吏贪赃数目不多，但都被改按新律量刑，他们被判杖一百、革役、流徙尚阳堡，这说明了福临令出必行。

另外，从顺治朝的贪案中，可以看出自福临亲政之后，由于他认真惩贪、严厉惩贪，显得贪案的发生率增多了，情节也更为复杂，手段也更为恶劣了。尤其值得我们注意的是贪案的第一原因与为官不正、官员与役吏狼狈为奸有关，但也有因官场倾轧、互相揭短而爆出贪案的。顺治皇帝连续不断地施以严刑峻法，确实收到遏阻的作用，这一点是可以肯定的。

三十四

首崇满洲

　　清朝入关确是由满洲八旗王公们尽心效力、百战沙场而得来的成果，而且要想统治中国，还得靠他们继续忠诚打拼，否则大清皇位不能安稳坐定。"首崇满洲"，即一切以满洲为优先的理念与政策，实在是无可厚非。福临亲政以后，在头两年间连续任命了满洲亲贵十六七人为议政王、议政贝勒，又任命了多达三十名的议政大臣，他们也都是旗人中的高级文官武将。

　　不仅如此，为了加强满族人士的向心力，福临也经常对军政财经各方面的八旗亲贵与将领们叙功加恩，或封授、晋升他们的爵位世职。还有在经济上也对他们特别优待，让他们获得高俸厚禄，广收家奴，占有庄园。这在汉人大臣眼中看来是不合制度，或不近情理的。

　　顺治十年（公元1653年）二月初九日，福临巡幸内院，当他看到詹事府少詹事李呈祥的一份条议，文中有"部院衙门应裁去满官，崇任汉人"一事，心中极为不快。他对洪承畴、范文程等大学士说："李呈祥此疏，大不合理。凤昔满臣赞理庶政，并畋猎行阵之劳，是用得邀天眷，大业克成。彼时可曾咨尔汉臣而为之乎？朕不分满汉，一体眷遇，尔汉官奈何反生异意，若以理言，首崇满洲，固所宜也。想尔等多系明季之臣，故有此妄言尔。"洪承畴等听了无言以对，过了不久，李呈祥就被充军到辽东地区去了。

顺治皇帝首崇满洲的态度，尤其可以在处理逃人的事务上反映出来。如前所述，逃人法是清初一大弊政，顺治皇帝在这方面并未作改进。相反地，在立法时还偏袒满洲，新法对窝主的惩处比以前更严。此举带来的后果十分可怕，用祸国殃民来形容，绝不为过。

福临有一次向大臣们求直言，希望大家对他的施政等事提出建议，有一位兵科右给事中李裀，他就针对逃人法的种种弊端，在顺治十二年（公元1655年）正月底向皇帝上奏章说：

逃人一事，立法过重，株连太多，使海内无贫富、无良贱、无官民，皆惴惴焉莫保其身家，可为痛心者一也。法立而犯者众，势必有以逃人为奇货，纵令扎诈，则富家立破，祸起奴婢，则名分荡然。使愚者误陷而难解，智者欲避而不能，可为痛心者二也。犯法不贷，牵引不原，即大逆不道，无以加此。且破一家，即耗朝廷一家之供赋；杀一人，即伤朝廷一人之培养。古人十年生之，十年教之，今乃以逃人一事戕之乎？可为痛心者三也。人情不甚相远，使其安居得所，何苦相率而逃，至于三万之多，如不以恩意维絷其心，而但欲以法穷其所往，法愈峻，逃愈多，可为痛心者四也。即自捕获以后，起解质审，道涂骚扰，冤陷实繁，藤蔓不已，生齿凋敝，夫孰非皇上之赤子乎？可为痛心者五也。且饥民流离，地方官以挨查逃人之故，闭关不纳，嗟此穷黎，朝廷日蠲租煮赈，衣而食之，奈何以酷法苛令迫而毙之乎？可为痛心者六也。妇女踯躅于原野，老稚僵仆于沟渠，其强有力者，东西驱逐而无所投止，势必挺而走险。今寇氛未靖，方且多方招徕，何为本我赤子乃驱之作贼乎？可为痛心者七也。

这七痛的奏疏是当时实况，是言真意切，而且是应皇帝求直言而上书的，可是李柟却触及到了满洲人的根本利益，福临为首崇满洲，竟把李柟流放到东北尚阳堡去了。

　　还有一位官居户部右侍郎的赵开心，他在皇帝因逃人甚多、缉获很少而向大臣们征询既不累民，又能快得逃人回归本主的建言时，献策说：

　　　　闻近畿流民载道，地方有司惧逃人法严，不敢容留，势必听其转徙。若将逃人解督捕衙门，暂宽其隐匿之罪，以免株连，则有司乐于缉逃，即流民亦乐于举发，而逃人无不获矣。

　　赵开心是因为"饥民流离可悯"，奏请皇帝"暂宽逃人之禁"，可是福临则认为：

　　　　逃人之多，因有窝逃之人，故立法不得不严，若隐匿者自当治罪，何谓株连？赵开心两经革职，特与赦宥擢用，不思实心为国，辄沽誉市恩，殊失大臣之谊，着降五级调用。

　　顺治十二年三月初九日，皇帝干脆下了命令："凡章奏中再有干涉逃人者，定置重罪，决不轻恕。"因为福临始终认为汉人"但知汉人之累，不知满洲之苦"。

　　对于"首崇满洲"，福临有时候还很露骨地表现在满汉官员发生冲突的事件上。顺治十五年（公元1658年）四月二十三日，直隶、河南、山东总督张悬锡因受满洲大员侮辱，自刎寻短，幸赖家人紧急救治未死。张悬锡在自杀前预留遗书上奏朝廷，说些"谁知直道难行，清白招众之忌"以及"臣家无余蓄，亦无良田美宅，莅任后，不敢受地方官一钱，以负上恩，惜为人所误，亦天意耳"之类的话。他还建议说："皇上如欲平治天下，当首禁私征杂派，及上官过客借名苛索之弊。不然，源之不清，欲流之洁得乎？"另外他还谈了一些逃人、驿递、海防、内地缺额兵员等事。福临得到总督自杀的消息，下令"确察详明具奏"，因为"总督大臣，无故自刎，其中必有重大急迫情节"。经过都察院等机关官员调查之后，真相大白。原来在顺治十四年（公元1657年）底，孙可望于洪承畴军前投降，皇帝特封他为义王；十五年初，清廷命学士麻勒吉为特使，专程前往送敕书印信。麻勒吉这位满洲大员在返京途中，经过张悬锡的治区，当张悬锡来迎时，他"始而倨傲之不与见，即见而鄙薄之不与坐，不与言，侮辱情状，诚所难堪"。麻勒吉如此反常地对待三省总督是有原因的，起先麻勒吉仅斥总督"失仪"，后来明白说出："我们到南边，洪经略（指洪承畴）差人远接馈遗，日日来见，何等小心。"于是公开向张悬锡索贿，要他"馈送驼赢（骡）"。张悬锡以为贿赂会触犯朝廷首禁之条，拒绝送礼，甚至表示"宁就死，必不敢从"。后来张悬锡怕日后受到迫害，又想到自己受到侮辱，乃激愤自杀。

调查的大臣可能"瞻徇麻勒吉等，不行详察"，就给皇帝上了一个不尽真实的报告，福临认为："张悬锡系朕特简，畀以总督三省重任，即有错误屈抑情节，皆当陈奏，听候鉴裁，何至遽尔刎颈，殊失大臣之体。"反给张悬锡"降三级调用"的处分。张悬锡后来在北京圣安寺候审时，自缢身亡了。这件案子因此愈闹愈大，九卿科道决议将麻勒吉革职，籍没家产，并鞭一百，这是合乎皇帝惩贪法条之最低标准的。可是福临却在满汉官员互控时，他偏袒满洲，下令"麻勒吉革去所加之级，再降二级"，"仍留原任"，这跟没有处分差不多。

不过，福临对于若干有利用价值的汉人，他的态度是完全不同的，以下章节里我们再来作一番观察吧。

热心满文教育

　　满洲人正像中国其他边疆同胞蒙古人、西藏人一样，有他们自创的语文；清朝建立之后，官方称他们的语文为"清语"，或者为"国语"。皇太极时代就强调"清语骑射"是国家的根本，不能废弃。福临亲政之时，也在这方面不遗余力地做了一番工作。

　　满洲人的祖先女真人在12世纪曾经创制过女真文字，不过在金朝灭亡之后，蒙古人统治他们的时候，女真文字逐渐失传；到明朝在东北地区设立卫所兵制时，很多女真首领都向明朝地方官说他们"无识女真字者"。努尔哈齐兴起统一女真后，他觉得："汉人念汉字，学与不学者皆知。蒙古人念蒙古字，学与不学者亦皆知。我国之言，写蒙古之字，则不习蒙古语者不能知矣。"因此他命令文臣"以我国之言编成文字"，结果满洲文字就此创制而成。

　　初创的满洲文，脱胎于蒙古字，所以外形很像蒙文。由于草创，文字的形声都不完备，而且还有借用蒙文的，可以说缺点不少。不过自从满文在公元1599年（明神宗万历二十七年）创制之后，满洲部族就应用来记注档案、铸钱、刻碑，不但提高了本族人的自尊心，也对民族统一、与别族文化交流都有裨益。努尔哈齐的儿子皇太极继任大汗之后，认为满文的字母不够多，字形不统一，清浊音不分，语法无规范，于是再命大臣研究改进。大臣们后来加上圈点，固定字形，确定音义，又加了专为拼切外来语的字母，使满文完备了很多。由于新改良的满文字旁加了圈点，所以被称为"放了圈点的满文"，即新满文，努尔哈齐时代草创的则称为"未放圈点的满文"，也叫作老满文。

清朝入关后虽然实行剃发政策，令汉人受到侮辱，但不敢推行满文教育，因为汉人文化比满人文化高深，文字也优长很多，加上汉人的夷夏之防牢不可破，若废汉字用满文，事实上绝不可能办到，所以多尔衮等仍依汉制举办科举，笼络汉人。清初汉人对满文怀有极深成见，认为满文"晦涩难通"，"文义龃龉"，字形"旁行"，像是"科斗文"，甚至说出要找"神官为我读"。满文是拼音文字，与韩国文、日本文类似，与中国文字六书造成的情形不同，汉人如无心学习，实在也不容易学好。包括一些早年在关外就投降的汉人，他们的满文多数不能通晓，如参加过翻译经史书籍工作的宁完我，他自己后来也承认"不熟满语"。还有一位当过高官的高鸿中，被人批评对满文"一语不晓，真如木人一般"。入关以后，"满臣不解汉语"，而汉人督抚对"文移用国书（即满文）者皆不识"，因此当时多靠启心郎和笔帖式等官从翻译传达。为了解决行政处理上的困难，顺治六年（公元1649年）四月，多尔衮接受礼科右给事中姚文然的建议，"于新进士内，广选庶吉士，察其品行端方，年力强壮者，俾肄习清书精熟，授以科道等官，内而召对，可省转译之烦；即出而巡方，亦便与满洲镇抚诸臣言语相通，可收同寅协恭之效"。多尔衮重军政事务，而且在一年多后病逝，庶吉士学满文的事他没有太关心。福临亲政期间，非常重视翰林院满文教学事。按照制度，考上进士的人中，有选入翰林院庶常馆再学习的，称为庶吉士，他们也授以满文课；根据可靠史料，福临常亲自去考核他们，并给予奖励与处罚。例如在顺治十三年（公元1656年）二月十五日，他降谕内三院褒贬优劣的庶吉士说：

翰林为储才之地，鼎甲庶常，皆使兼习满汉文字，以俟将来大用，期待甚殷。乃今习满书者，将及一年，顷经亲试，语句生疏，皆因不肯专心，工夫怠惰，若不分别劝惩，何以激励。

经过他的亲自考试，认为陈敱永、胡简敬、田逢吉、党以让、邓钟麟、马源济、史大成、田种玉、綦汝楫、王泽弘十人成绩不错，都给予赏赍。程邑、吴贞度、范廷魁、韩雄允四人，不及标准，各罚俸三个月。同时皇帝还告诉大家："嗣后俱当精勤策励，无负朕惓惓作养，谆谆教诲至意。"同月十九日，福临又因为右春坊右庶子王熙辛勤学习，精通满书，特别赏了他"御服貂褂"。并且又对庶吉士们说："尔等同为习满书翰林，而王熙独优，朕故加赐，尔等所学不及，亦当自惭，今后其益加勤勉毋息。"皇帝推广满语学习的热心，真是溢于言表。

同年闰五月初八日，福临又到翰林院考试庶吉士，并对吏部官员说：

伊等学习满书，久者或十余年，或七、八年，少亦三、四年，若果专心肄习，自能精通。今朕亲加考试，王熙、张士甄、诸豫、王清、余恂、沙澄学问皆优，足征勤励，不负朕作养。至白乃贞、范廷元、李仪古、许缵曾，向之所学，今反遗忘，着住俸，于翰林院再行教习三年。倘能省改勤勉，仍准留用，如怠惰不学，从重议处。郭棻、李昌垣习学已久，全不通晓，旷业宜惩，着降三级调外用，仍于补官之日，罚俸一年。

顺治十五年（公元1658年）十二月初七日，福临又在亲试庶吉士之后，给萧惟豫、王子玉等十人罚俸一年的处分，因为他们都是"清书俱未习熟"，"若不罚惩，何以励其将来"。

顺治十六年（公元1659年）十月初六日，皇帝降谕吏部，提到他又亲试庶吉士的满文，结果有熊赐履等十人成绩通过，"俱着照例授为编修检讨"；王遵训等十八人"俱着照旧教习"；陈敬、殷观光二人"文义荒疏，足见平日全不用心，殊不称职，俱着革退，永不叙用"。最后二人的处分不能不说是很重了。

由于顺治皇帝不顾情面地严格要求庶吉士学好满文，当时确实造就了不少满语文专业人才，特别是王熙、李霨等等，都是汉人中学满文的杰出者。

福临的热心提倡满文教育，还可以从另外一个方面窥知。那就是他在亲政短短十年之中，编辑和翻译了不少著作，而这些著作都是对满文传布或满汉文化交流有裨益的。例如他主持出版了《资政要览》、《劝善要言》、《范行恒言》、《人臣儆心录》等书，并且自己撰写了序言，谈到人臣做事做人以及尊君亲上的大道理。他在《资政要览》序中说："朕惟帝王为政，贤哲修身，莫不本于德而成于学，如大匠以规矩而定方圆，乐师以六律而正五音。凡古人嘉言善行载于典籍者，皆修己治人之方，可施于今者也。"当时所编的这类书都是满汉文合璧本，供满汉两族人士阅读。

福临在顺治十年（公元1653年）二月巡幸内院时，与大学士们一同看书，他发现满文翻译本《五经》中有"讹字"，他就"御笔更正，命译书官照更正缮写"。顺治十七年（公元1660年）二月底，他"颁赐诸王以下、甲喇章京等官以上翻译《三国志》"，让大家阅读，增加处理军政事务的知识与能力。

福临在位期间编辑或翻译的满文书，他绝没有想到后来还成了中西文化交流的桥梁，因为清初来华的西洋传教士，他们从满文本内容翻译成拉丁文或法文，传布到了西欧，中国文化的内涵才渐被西欧人知晓。据来华的传教士说：满文满语"容易学习"，因为它不仅是拼音文字，与欧洲文字一样，而且"有方法与规则，一个人可以很清楚地看得出来"，使满文比汉文学得快、学得好。甚至有人充满信心地说："五六年的时间，足够任何一个有活力的人获得好的知识，去阅读所有的满文书，从而得到益处。"

多尔衮也许是刚入关无暇也无心注意到这些，福临却眼光深远地重视满文教育，这也是他对本族文化所作的一点贡献。

三十六
重用可靠汉人

　　顺治皇帝非常了解"文化满洲化"是行不通，也是行不得的，所以他也只有对那些有心当清朝官员的汉人施以满洲语文的教育。同样地，"首崇满洲"虽是基本国策，但要统治中国、统治汉人，单靠满洲人也是不能达到目的的，汉人还是必须笼络、必须重用的。

　　早在皇太极时代，满族领导人就清楚他们的文化不高、人口过少，仅以武力高压手段来治理辽东就不可行，何况入关以后，被统治的人口百分之九十以上是汉人，清廷需要富于知识的谋士，需要有经验的将领，需要从事生产的农民，需要互通有无的商旅，更需要宣扬儒家伦理以安定社会的汉人知识分子，因此福临亲政以后，他确是朝着这个方向努力的。

　　首先他对在朝服务的汉人官员着意联络。他经常巡幸内三院（顺治十五年以后改为内阁），与大学士们讨论国家军政大事，检讨得失，包括皇帝个人的作为，希望从中取得宝贵教训。顺治十年（公元1653年）正月初三日春节期间，他降谕内院说：今后各部院衙门进奏本章，不必再像以前一样地只有满洲官员奏事，这种重满轻汉的积习要革除，改为"满汉侍郎、卿以上参酌公同来奏"。显然这位少年新君对过汉族春节的兴趣不大，对求知求治的心倒是极为迫切。从这个月的初四日到初六日一连三天，他每天都"幸内院"，不是要大家勇于进谏，就是说他日理万机，难免致误，希望大家多建言，好让他"庶得省改，力行正道，希臻治平"。在同一个月中，有时他也在中和殿设宴招待内院满汉大学士，而且奏满汉乐以助兴。还有一次他到御马厂，看到多尔衮生前的甲胄陈列在那里，他对随行的大学士范文程等说："兵器固不可不备，然戈甲虽备，亦不可徒恃军威；军威虽盛，而德政不足以合天心顺民望，亦不可也。"这些话多少在评论多尔衮，但福临倾心汉化也是不言而知的。由上可见，这一年的正月里，他表现了勤政爱民的作风，也透露了他要"以一身治天下"的宏愿。难怪汉人大学士都被他"满汉一体"的态度感动，有人甚至说：皇帝如此把大臣"视如家人父子"，"自今以后，诸臣必同心报国，不复有所顾惜矣！"

顺治十六年（公元1659年）十月初四日，皇帝又对"满汉一体"政策再迈前了一步，他降谕吏部说：

> 向来各衙门印务，俱系满官掌管，以后各部尚书、侍郎及院寺堂官受事在先者，即着掌印，不必分别满汉。尔部即传谕各衙门，一体遵行。

汉官可以与满官一同掌印，这是清初划时代的大事，汉官的权力与地位当然会因此被提高。而且福临还要求满汉官员和衷共事，"凡会议政事，原应满汉公同商确，斟酌事理，归于至当，不拘满汉皆可具稿"，希望不要再出现"满汉两议"的现象。

从另外一项实际数字上来看，福临亲政后也确实重用了汉人的高官。在多尔衮摄政时代，即从顺治元年至七年（公元1644～1650年），被称为大学士的中央高级长官一般是五六名到六七名，其中多是满洲旗人与汉军旗人，汉人大学士不多。顺治三年到七年，每年大学士共七名，即范文

三十六

重用可靠汉人

程、刚林、宁完我、冯铨、洪承畴、祁充格、宋权。其中刚林与祁充格是满洲旗人，范文程、宁完我、洪承畴是汉军旗人，只有冯铨、宋权是清兵入关后投降的汉人。顺治八年福临亲政之后，情形有了变化，大学士先后有八人，即范文程、宁完我、洪承畴、宋权、希福、陈名夏、额色黑、陈之遴，其中满洲二人，汉军三人，汉人三人。顺治十年六月，福临又降谕内三院命增加汉人大学士，他说："每院应各设汉官大学士二员，着吏部详察实行，确举堪任者奏闻。"不久就命吏部尚书成克巩为内翰林秘书院大学士，礼部左侍郎张端为内翰林国史院大学士，吏部右侍郎刘正宗为内翰林弘文院大学士，这一年大学士主要由汉人担任。顺治十一年（公元1654年）先后出任大学士的有十六人，不过陈名夏于三月处死，张端在六月病故，九月时范文程解任，剩下的十三位是宁完我、洪承畴、额色黑、冯铨、图海、成克巩、刘正宗、吕宫、金之俊、蒋赫德、王永吉、党崇雅、傅以渐，其中满洲二人，汉军二人，汉人九人。接下来两年的情形也是差不多，汉人大学士常比满洲与汉军旗籍的大学士加起来总数还多。由此可见：清代中央在福临亲政后是更重用汉人了。

福临这位聪明的皇帝，他知道旧的大臣需要笼络，但新人才更需要培养，前面谈过他常到翰林院亲自考核庶吉士的满文成绩就是明证。然而帮他治理国家的还是一般知识分子官员，所以他对科举考试也十分重视，他相信只有通过考试才能发现人才，进而培养出人才。根据有关的史料，他亲政的十年之中，一共举行了四次会试，即顺治九年、十二年、十五年、十六年。其中顺治十六年是加开恩科，四次共录取了进士一千五百名。

福临很重视会试的"抡才大典"。顺治九年（公元1652年）三月二十四日，他竟命大学士希福、范文程等二十八人为殿试读卷官，官阶之高，阵容之庞大，实在少见，这也反映了皇帝对国家最高一级考试的不马虎。他自己还为满洲、蒙古旗人以及汉军旗人、汉人分别出了两份试题，都是与治理天下有关的。同月二十八日，考试结果揭晓，钦赐满洲、蒙古贡士麻勒吉等五十人，汉军及汉贡士邹忠倚等三百九十七人进士及第出身有差（一甲为进士及第，二甲为赐进士出身，三甲为赐同进士出身，通称进士）。发榜后，皇帝又在礼部赐宴，并赏给麻勒吉、邹忠倚二人朝服顶带，其他进士折钞银两。到五月间，按各进士的成绩授以翰林院官职，或选入庶常馆再深造，备将来大用。后来顺治十二年、十五年、十六年等几次殿试，情形大致如上，可见福临对选拔人才的慎重与优礼有加是一以贯之的。

福临慎重地选拔了一些新人，他也大量委用新人，到顺治后期，大学士中属于老人或旧班底的已是寥寥可数，甚至多达百分之八十是顺治年间的进士出任。同时由于福临英年早逝，他培养的一批人才有些在他有生之年并未能跻身高位，不过到康熙之世都成为栋梁之材了，像李霨、王熙、熊赐履、陈廷敬等等。

除了制度上的改进足以说明福临进一步汉化、进一步"爱养"汉官，他在若干行事作风上也对汉族大官表现得极具诚意。例如汉人大学士党崇雅退休还乡时，福临两次破格召见他，赐座并赐衣帽、靴袜、茶饭，而且"温语慰劳良久"，最后还命满洲大学士为他送行。翰林院修撰、状元孙承恩英年早逝，皇帝也"深悼惜之，赐白金三百两归其丧"。类似的事情还有很多，不能列举；不过这些都是令汉臣铭感五内的。

洪承畴是降将，在清兵入关与招抚江南等方面立了大功，后遭满洲将领猜忌而被召回京师，虽名为大学士，但无实权。福临亲政之后，为了迅速结束西南战事，又把这位"晓畅民情，练达治理"的"夙望重臣"请了出来，让他"经略湖广、广东、广西、云南、贵州等处地方，总督军务兼理粮饷，听择扼要处所驻札"，并特别给他便宜之权，先办后奏。尤其是用人大权，"吏、兵二部不得掣肘，应用钱粮即与解给，户部不得稽迟"。洪承畴的位高权重，在当时可以说是少见的旷典殊恩。可是洪承畴后来坚持"以守为战"的策略，一无成就。朝中大臣多有参奏他"一筹莫展，寸土未恢"，徒耗国帑，请求皇帝将他罢斥处分。但福临仍继续"优旨慰留"，而且给他加赐职衔，表示对他完全信任。所幸在洪承畴"回京

三十六 重用可靠汉人

149

调理"的前夕，大西军发生了内讧，孙可望投降了洪承畴，如此才让洪承畴有一些招抚之功，得以向福临交代。福临与洪承畴的这段关系，可以说明小皇帝对旧老汉臣的信任与用人不疑。

对于拥有兵权的统兵大将，福临更是百般示好，加意笼络。例如顺治八年（公元1651年）即赐予吴三桂金册、金印，以示器重。第二年发生南明伪造吴三桂谋叛告示，福临对吴三桂说这是敌方"畏王之威，计穷力竭，故设狡谋反间"，"朕与王谊属君臣，情同父子，岂能间之？"顺治十六年十月又授与吴三桂专镇云南之权，选官、改制、征粮等一切事务，"俱暂着该藩总管奏请施行，内外各该衙门不得掣肘"。福临又把皇妹下嫁给吴三桂之子吴应熊。另外又将自己的侄女配与靖南王耿继茂之子耿精忠为妻。顺治十四年（公元1657年）还下令册封耿继茂、吴三桂、尚可喜三人之妻为福晋。这一切都是他重用汉人另一类的表现。

总之，福临亲政之后，对可靠的、得力的汉人文武官员都极为重视，给予重用。不过，他也并非盲目地重用汉人，或是无选择地重用汉人，对他有益的，对清朝统治权有益的他才特加重视任用；相反地，凡反满抗清的汉人，他还是会给予无情打击或杀戮。

三十七
顺治朝的文字狱与科场案

古代中国社会有士、农、工、商四大职业群，士是人数最少的，但社会的影响力最大，故士为四民之首。历代君主与政府都对这一群知识分子十分注意，很怕他们成为社会治安的乱源。

清朝入关之后，汉族士人本来就对"异族"有成见、有反感。加上满族领导人又多行弊政，如剃发、圈地等等，更招来反满抗清的动乱，因而清廷对士人的管理与打压就不能避免。用文字狱来箝制汉人知识分子的思想言动是一种方法。

清朝入关之初，由于戎马倥偬，根基未固，一切大政以笼络人心为主，除了为酬庸八旗有功官兵实行圈地以及为分别顺逆命令汉人剃发外，对于怀有故国之思，或是把孤忠孤愤写在文字中的，大都不予过问。王夫之在《读通鉴论》中说："即使桓温辈成功而篡，犹贤于戴异族以为中国主。"或是有诗人写些"扫除胡种落，光复汉威仪"的句子，也都毫无忌讳。所以顺治一朝文字狱的案件不多，多半还是因为政坛上人事斗争而起。

《清实录》顺治四年十一月辛亥（十五日）条记：

三十七　顺治朝的文字狱与科场案

招抚江南大学士洪承畴奏："犯僧函可，系故明礼部尚书韩日缵之子，日缵乃臣会试房师。函可出家多年，于顺治二年正月内，函可自广东来江宁，刷印藏经，值大兵平定江南，粤东路阻未回，久住省城，臣在江南，从不一见。今以广东路通回里，向臣请牌，臣给印牌，约束甚严，因出城盘验，经笥中有福王答阮大铖书稿，字失避忌。又有《变记》一书，干预时事，函可不行焚毁，自取愆尤。臣与函可有世谊，理应避嫌，情罪轻重，不敢拟议。……臣谨将原给牌文及函可书帖，封送内院，乞敕部察议。"

多尔衮对这案件以顺治皇帝的名义批示说："洪承畴以师弟情面，辄与函可印牌，大不合理，着议处具奏。"不过到第二年五月，吏部官员决议对洪承畴的处分是"革职"，多尔衮却不赞成，他认为吏部的决定"甚是"，"但洪承畴素受眷养，奉命江南，劳绩可嘉，姑从宽宥"。洪承畴被宽宥未作处罚，函可也没有像乾隆时代那些文字狱的当事人那样受到斩杀的极刑，他被放逐到沈阳而已。

函可俗名韩宗騋，广东博罗人，青年时尚诗酒、意气，交游很广，当时有人称赞他说："声名倾动一时，海内名人以不获交韩长公子騋为耻。"崇祯十二年（公元1639年），他看破尘世，也许与社会动荡有关，便"世缘立斩，与发同断"，出家当了和尚。他在留滞南京期间，把清兵南下消灭福王弘光朝的史事写成了私史《再变纪》，成为此一文字狱的主要证据。他流放沈阳的时间是在顺治五年（公元1645年）四月。函可在沈阳居住了十一年后圆寂，享年四十九岁。在此期间，他不但到处弘扬佛法，声名甚著，"趋之者如河鱼怒上"，被奉为"开宗鼻祖"。同时他又与其他被流放的人广为交流，组织"冰天社"，以诗文唱和。函可的著作颇多，存世的有《千山剩人禅师语录》六卷、《千山诗集》二十卷。函可的《再变纪》文字狱还算是从轻发落的了。

《清实录》顺治五年四月辛卯（26日）条又记：

> 凤阳巡抚陈之龙奏："自金逆之叛，沿海一带与舟山之寇，止隔一水，故密差中军各将，稽察奸细，擒到伪总督黄毓祺并家人袁五，搜获铜铸伪关防一颗，反诗一本，供出江北窝党薛继周等，江南王觉生、钱谦益、许念元等，见（现）在密咨拏缉。"疏入，得旨："黄毓祺着正法，其江北窝贼薛继周等，江南逆贼王觉生、钱谦益、许念元等，着马国柱严敕该管官访拏。袁五着一并究拟。"

这是"反诗一本"引起的文字狱。福临亲政之后，也只有一次文字狱案，那是发生在顺治十七年（公元1660年）六月的"刘正宗诗集"案。

刘正宗，山东安丘人，明末进士，清朝入关后降清，顺治二年（公元1645年）任翰林院编修，十年升官为内三院弘文院大学士。顺治十六年（公元1659年）因气量狭隘，终日诗文，廷议常以己意为是，被福临严斥过。第二年六月初九日，都察院左都御史魏裔介又上奏参劾他很多项罪状，其中与文字有关的是：

> 大学士刘正宗阴毒奸险。……正宗莫逆之友为张缙彦、方拱干。缙彦外贬，拱干流徙，正宗之友如此，正宗为何如人耶？且缙彦序正宗之诗曰"将明之才"，其诡谲尤不可解。

顺治皇帝批示说："此所参情节，关系重大，着刘正宗……据实明白回奏。"

同月十六日，刘正宗遵旨回奏，谈到张缙彦诗序时说：

所称缙彦序臣之诗，有将明之才一语，诡谲不可解，此语诚似诡谲，然臣见（现）存诗稿，缙彦序中，未见此语也。

皇帝仍不放心，再命令议政王大臣们究查具奏。同年十一月初十日，调查有了新的结果，议政王大臣们回奏刘正宗的各项犯罪事实，其中有关张缙彦诗序一项也有了新发现，刘正宗竟然没有据实回奏，反说诗序中"未见此语"。事实上是刘正宗"巧为支饰"，因为张缙彦"供吐真情"，刘正宗"方承认送书是实"，"将明之才，既系《诗经》、《汉书》、颜真卿墨刻所载，若非有意借用，何不即行承认，而必欺饰以匿非，扯毁以灭迹？"议政王大臣们认为刘正宗"情罪重大"，"应立绞"；张缙彦"逆叛于故明，复怀叵测于本朝"，"以诡谲言词，作为诗序，煽惑人心，情罪重大，应立斩"。皇帝没有按照议政王大臣们的建议终结此案，他降旨说："刘正宗……本当依拟正法，念任用有年，姑从宽免死，着革职，追夺诰命，籍没家产一半，归入旗下，不许回籍。张缙彦巧辞欺饰，本当依拟处斩，亦从宽免死，着革职，追夺诰命，籍没家产，流徙宁古塔地方。"顺治朝的文字狱一般说来不算太惨酷，"刘正宗诗集"案虽然有些像是因择字不精、引用不当而兴狱，但是刘正宗被告的犯罪事项多到十几条，诗序仅其中一小项而已，毕竟与乾隆朝因薄物细故而遭杀身毁家的情形大有不同。

文字之祸固然能压制文人思想反动，但终不如以法令来管束文人或是用科考来打击文人来得更有效，因为人若违反法令或在考试时作弊会立即遭到律法条文制裁，顺治朝的禁止集社规条与科考案就可以说明这类事实。

明朝末年，士大夫喜欢结社，以文会友，并藉以学习时艺，本来是件清雅事情；不过由于当时朝政腐败，加上党争，士大夫们也有社盟、社局等的组织来揣摩风气，进而讨论、批评时政，逐渐也有了"党同伐异"的流弊，结社几乎变成了政治和革命的事业。清兵入关之后，结社的风气仍然很盛，当然引起政府的重视。后来结社的人由公开而转入秘密，就遭到清廷的注目，因此在顺治九年（公元1652年）二月由礼部题奏，立条约入款，颁刻学宫，更立卧碑警示各地学子，其中第八款是：

生员不许纠党多人，立盟结社，把持官府，武断乡曲；所作文字，不许妄行刊刻，违者听提调官治罪。

由于这些条约，士大夫的言行受了很大的限制；不过各地学官未必彻底奉行，所以到顺治十七年正月，礼科右给事中杨雍建上疏说：

臣闻朋党之害，每始于草野，而渐中于朝宁，拔本塞源，尤在严禁结社订盟。……请敕部严饬学臣，实心奉行，约束士子，不得妄立社名，纠众盟会，其投刺往来，亦不许用同社同盟字样，违者治罪。倘奉行不力，纠参处治，则朋党之根立破矣。

福临对他的报告批示："士习不端，结社订盟，把持衙门，关说公事，相煽成风，深为可恶，着严行禁止。以后再有此等恶习，各该学臣即行革黜参奏，如学臣徇隐，事发一体治罪。"清初结社风气，从此敛迹。

用考试作弊兴案，以打击读书人，是著名的顺治"丁酉之狱"。丁酉年是顺治十四年（公元1657年），这一年的科场案以北闱顺天和南闱江南最大，其他河南、山东、山西的闱场也出现问题，但不如南、北二闱的严重。

科场作弊历代都有，清朝入关即恢复科举制度，也有弊案发生。不过在丁酉大考前夕，福临特别对江南乡试主考官方犹与钱开宗二人说："江南素称才数，今遣尔等典试，当敬慎秉公，倘所行不正，独不见顾仁（顺天巡按御史，因纳贿而处死刑）之事乎？必照彼治罪，决不轻恕。尔等秉公与否，朕自闻知，岂能掩人耳目，尔其慎之。"没有想到在发榜之日，

三十七

顺治朝的文字狱与科场案

南、北二闱都"人情大哗"。刑科右给事中任克溥首先上疏参劾说：北闱考中的举人有用三千两银子"贿买得中"的，"伏乞皇上大集群臣，公同会讯，则奸弊出而国法伸矣"。吏部与都察院奉旨严讯相关人等，结果审查属实。皇帝知道之后，非常恼怒，随即于同年十月二十五日降旨：

> 贪赃坏法，屡有严谕禁饬。科场为取士大典，关系最重，况辇毂近地，系各省观瞻，岂可恣意贪墨行私？所审受贿、用贿、过付种种情实，可谓目无三尺，若不重加处治，何以惩戒将来。李振邺、张我朴、蔡元禧、陆贻吉、项绍芳、举人田耜、邬作霖，俱着立斩，家产籍没，父母兄弟妻子俱流徙尚阳堡。主考官曹本荣、宋之绳着议处具奏。

李振邺、张我朴等人是考官，他们确实放肆妄为，在李振邺处送钱考中的就有二十五人。福临不但处死了这批考官与少数靠贿赂考上的举人，在一个月之后，他又降谕礼部说："将今年顺天乡试中式举人速传来京，候朕亲行覆试，不许迟延规避"，"如有托故规避，不赴试者，即革去举人，永不许应考，仍提解来京严究规避之由"。

不少来顺天府考试中举的人已经回家，现在又命令他们入京重考，有人不知实情，就被地方衙门"拘执锁项，押送起解，如同隶囚"，日夜兼程地赶到北京。覆试之日，"每人以满兵一人夹之"，实在紧张万分。第二年二月十三日，皇帝对礼部官员说："前因丁酉科顺天中式举人，多有贿买情弊，是以朕亲加覆试，今取得米汉雯等一百八十二名，仍准会试。"另外有苏洪浚、张元生等八人，文理不通，革去举人。

江南闱处分得很惨，先由工科给事中阴应节上奏参劾："江南主考方犹等弊窦多端，榜发后，士子忿其不公，哭文庙，殴帘官，物议沸腾。"福临震怒，降旨责方犹等考官"经朕面谕，尚敢如此，殊属可恶"，俱着革职，行贿的举人也由刑部派人"速拏来京，严行详审"。江南闱所有考中的也举行覆试，考生也是在惊恐中应试，结果将方域、林大节等十四人取消资格，革去举人。江南闱的主考官方犹、钱开宗以及叶楚槐等十七位同考官都处死刑，和京城的北闱只杀了两位同考官，而其主考官及副考官都蒙恩免的情形大有不同。皇帝为何如此对待江南士子呢？可能与江南人才辈出，科名很盛有关。顺治年间共举行会试八次，而状元八人中有六人来自江南，皇帝说："朕屡重试典，严除弊窦者，实欲得真才而用之耳。"

总之福临用文字狱、禁结社、科场案来打击士子声气，收到相当的效果，明朝"官骄士横"的现象在清代就不复重现了。

三十八
重设十三衙门与内阁

　　福临死后，留有遗诏十四条罪己，其中一条是："祖宗创业，未尝任用中官，且明朝亡国，亦因委用宦寺；朕明知其弊，不以为戒，设立内十三衙门，委用任使，与明无异，以致营私作弊，更踰往时，是朕之罪一也。"当然这件遗诏是不是福临死前亲自写制，还有问题，不过，十三衙门的设立是史实，当时满洲守旧王公反对是事实，这些应该是毋庸置疑的。

　　清朝入关以前，皇家虽也有供差役的"包衣"（满语家奴、家丁之意），但未形成像汉人朝廷内有势力的宦官群体，更无管理机构和权力制度。清朝入关之后，建立了全国政权，满族领导人引前朝兴亡史迹为鉴戒，为避免重蹈明末宦官干政，影响朝政败坏，因此在原有的包衣制度上，成立了内务府，"凡内廷之会计、服御、物饰、宫御、武备等，皆统属于内务府大臣"。多尔衮摄政期间，还下过命令："朝贺大典，内监不得沿明制入班行礼。"禁止了内监参政，当时的太监真是"惟使之供给洒扫之役，毋得任事"。

　　福临亲政以后，从多尔衮独揽大权的经验中，觉得皇权大受旗权的侵犯，他为防止宗室亲贵与八旗元老重臣的干政专政，重用得力汉官，培植自己势力。同时他又被一些汉人宦官怂恿，再加上内务府的组织简单，不能满足大帝国皇家的虚荣感，他以"内府事务殷繁，须各司分理"的理由，在亲政后两年多，开始计划恢复明朝的太监制度。顺治十年（公元1653年）六月二十九日，他降谕内院官员说：从历史上看皇家用宦官是不能避免的，他要"酌古因时，量为设置"，建立十三衙门。他为防止和消除弊端，想到种种限制措施，包括：十三衙门宦官的官阶"不过四品"，"凡系内员，非奉差遣，不许擅出皇城。职司之外，不许干涉一事，不许招引外人，不许结交外官，不许使弟侄亲戚暗相交结，不许假弟侄等人名色置买田屋"等等，如有违反这些规定的一律处死。谕旨降下后一个多月，即七月初四日（该年闰六月），都察院左都御史屠赖等人就上奏表示不妥，认为重用宦官，"则君臣之间，恐致疏远矣"。福临向他们解释说："衙门虽设，悉属满洲近臣掌管，事权不在寺人，且所定职掌，一切政事，毫无干预，与历代迥不相同，着仍遵前旨行。"十三衙门在福临坚持下设立了，但宦官的权力大减，而且限制很多，与明末情形实在不可同日而语，可以说顺治朝的十三衙门是改良型的汉化成品，不是完全仿照明朝样式的太监机关。

福临构想中的十三衙门是"首为乾清宫执事官，次为司礼监、御用监、内官监、司设监、尚膳监、尚衣监、尚宝监、御马监、惜薪司、钟鼓司、直殿局、兵仗局"。这是由明朝十二监、四司、八局的二十四衙门精简而成的。不过到顺治十一年（公元1654年）罢内务府时，又增设了尚方司，共为十四衙门，而且其后这些衙门的组织不断发生变化。如顺治十二年（公元1655年）又将尚方司改为尚方院；十三年（公元1656年）钟鼓司改为礼仪监，尚宝监改为尚宝司；十七年（公元1660年）又改内官监为宣徽院，礼仪监改作礼仪院。随着衙门名称的改变，职能也不断扩大与加强，对宫内外的政治影响也更大。

尽管福临为严禁宦官干预政事，于顺治十二年六月下令立铁牌于交泰

重设十三衙门与内阁

殿，上铸满汉文字，警告宦官不得"犯法干政，窃权纳贿，嘱托内外衙门，交结满汉官员，越分擅奏外事，上言官吏贤否"，否则"即行凌迟处死"。然而宦官有了权位，谋私舞弊之事终难避免。顺治十五年（公元1658年）就发生了内监吴良辅等交通内外官员，作弊纳贿的不法事件。福临因为宠信和庇护吴良辅，竟没有治他大罪，最后反把一些官员革职流徙了事，所以宦官弄权是防不胜防的。

福临死后，因为他预留所谓的责己遗诏表示设立十三衙门是一项大罪，守旧的辅政大臣们立刻以新君康熙皇帝的名义尽革十三衙门，又恢复了内务府。后来康熙皇帝又命令设立敬事房，专管太监，使得清朝太监真正变成供使役的奴仆了。

另外一个中央衙门在顺治朝进一步汉化的是内阁。

在努尔哈齐建立后金政权时，先以五大臣及十个理事官帮他佐理国事，后来明定八和硕贝勒共议国政，没有什么内阁名义的机关，只有以"书房"为称的单位负责记载政事。皇太极继任大汗之后，设立了文馆翻译汉字书籍，并记注当时朝中大事。在后金国改称大清的前夕，文馆也改名为内三院，即内国史院、内秘书院、内弘文院。这次改组不但增大了职掌的范围，也更具备了明朝内阁与翰林院的实质。因为内国史院掌记录皇帝起居诏令，收藏御制文字，编纂史书，撰拟祝文诰命等等。内秘书院掌草拟与外国书信及敕谕，记录各衙门奏疏与词状。内弘文院则掌注释古今政事得失，为皇帝进讲，为皇子侍讲，颁行制度等等。顺治元年（公元1644年），清人入关，内三院制度当然随之到北京，为满清政府服务。不过清廷为了笼络汉官，凡投降都照常录用，当时有不少明朝内阁与翰林院的官员投降，所以在这过渡时期，内三院与内阁同时并存。第二年，清廷才下令合并这两个机关，但仍以满洲的内三院为主，只在单位名称上加了"翰林"二字，变成内翰林国史院、内翰林秘书院与内翰林弘文院。内三院的大学士官品与六部尚书同，都是正二品。

　　福临亲政之后，仍以内三院为中央的重要机关，起初满洲大学士或汉军大学士占多数，后来皇帝为加强皇权，汉人大学士的人数逐渐增多，到顺治十三年，满洲、汉军旗籍的大学士和纯汉籍的大学士人数相等，有时汉人大学士还略多于在旗的大学士。顺治十五年，情形更有大的改变，这年的七月二十三日，福临下令将内三院改为内阁，大学士加殿阁衔，称为中和殿大学士、保和殿大学士、文华殿大学士、武英殿大学士、文渊阁大学士、东阁大学士，品级由原来的二品改为正五品，与明朝的大学士品级相同，原来的内三院名称不再称用。内阁之外又有翰林院，也是与明朝规制一样。所以这一年的改制，事实上是彻底的汉化，仿照了明朝的制度。

顺治十八年（公元1661年）六月，守旧的辅政大臣们，从福临的遗诏中找出"纪纲法度，用人行政，不能仰法太祖、太宗谟烈，因循悠忽，苟且目前，且渐习汉俗，于淳朴旧制，日有更张"等语，用小皇帝玄烨的名义降谕说："内三院衙门，自太宗皇帝时设立，今应仍复旧制，设内秘书院、内国史院、内弘文院。其内阁、翰林院名色俱停罢。"这是满族对汉化的反动，也代表了清朝本土制度的复兴。不过，到康熙九年（公元1670年），玄烨打倒了辅政大臣的旗权势力之后，他又下令将内三院改为内阁，别设翰林院，照顺治十五年之制。自此内阁在清廷中央真正地成立了起来，至雍正朝军机处设立，大权才被分夺去一部分，不过内阁机构的名称一直存在到宣统三年（公元1911年）清朝覆亡。

三十九
清郑和战

南明唐王政权在福州建立的时候，郑芝龙、郑成功父子都是他的拥护者。郑成功对唐王的矢志复国、布衣蔬食非常崇敬，唐王对郑成功也极为赏识，赐他姓名为朱成功（这就是后人称"国姓爷"的由来），而且封成功为忠孝伯，赐尚方剑，挂招讨大将军印，甚至还向成功讲过："恨朕无女妻卿。"唐王确实流露了真感情，郑成功日后为感唐王知遇之恩，毕生抗清，原因多少与此有关。

郑芝龙不听儿子劝告，投降了清朝。唐王不久也殉国，而郑成功的生母又在福建家乡被南下清军惨害，在国恨家仇的剧变下，郑成功哭文庙、焚儒衣，弃文就武地抗清了。他起事之初，只有弱兵数千，不过各地忠义勤王之士纷纷来归，经过几年经营，实力大增，到福临亲政的顺治八年（公元1651年），他已经有厦门根据地，并在海澄、漳州等地的战役中，几次击败清军，成为了东南沿海的巨患。

顺治九年（公元1652年）九月，清朝大臣向皇帝建议对郑成功进行招抚，因为当时"湖南、川、广处处用兵，力不暇及"，各地反清势力与福建郑氏"万一勾连狂逞，为祸愈大"。郑成功的父亲既已降清，若动之以亲情，预料郑成功会从命的。福临认为可行，便在同年十月初九日降谕给闽浙总督刘清泰，命他筹划。皇帝的谕旨中显然是先向郑成功解释多尔衮对他父亲背信失言，还有清兵突攻厦门是地方武官的"行事乖张"。郑成功只要就抚，朝廷会赏给官职，不必来京，可以在闽、浙、广东沿海管理洋船。由于这道谕旨，清郑双方的和议开始了。

　　与此同时，郑芝龙也在清廷的指示下，派了家人带着亲笔书信到福建会见郑成功，希望以父子亲情感动成功归清。郑成功在回复父亲的信中谈到清廷没有如许诺的优待父亲，也对福建巡抚发兵攻打厦门，洗劫他们的财产大表不满，同时也说"兵集难散"的善后问题。郑成功虽是没有拒绝降清，他似乎提出不少条件供清廷参考。福临知道事件的发展之后，在顺治十年（公元1653年）五月初十日，又降谕旨，除答应封郑成功为海澄公、郑芝龙为同安侯、郑鸿逵为奉化伯、郑芝豹为左都督外，又保证说："敕谕到日，满洲大军即行撤回，闽海地方保障事宜，悉以委托。"而且派专差与成功的表亲携带公爵印信南下，以示真心诚意。

　　清廷怕郑成功拒绝接受海澄公印，又指示郑芝龙再派家人南下厦门，告知一切。郑成功为了父亲等家人数十口在北京的安全，又想到不如"将计就计，权措粮饷以裕兵食"，他便写了一封回答父亲的信，在这封信中，他仍然抱怨清廷对父亲的没有诚信，但也说到若与他和谈成功，清廷便无南顾之忧，也免掉"劳师远图，空费帑金"之苦。当然他手下大军"势亦难散，散之则各自啸聚，地方不宁"，有三省之地，才能安置。同时他似乎在警告清方，他已经是南明的王爵了，"人臣之位已极，岂复有加之乎？"而古代也有"大义灭亲，从治命不从乱命"的事实，他在必要时是会移孝作忠的。

　　郑成功给父亲的回信没有完全拒绝和谈，只是条件愈开愈多。清廷经过王公大臣的会议，在同年十一月初六日，以福临的名义又颁降了一份敕谕，给了郑成功更优厚的条件，不说一门三个显爵，并答应漳州、泉州、潮州、惠州四府之地让郑成功驻扎，又拨给弁兵钱粮，真算是旷典殊恩。

清廷为什么如此让步呢？原来在这段期间，湖南战场失利，亲王尼堪在衡州兵败被杀，大西军又逼死了孔有德这位王爷，而"两蹶名王，天下震动"，清军确实面临严重威胁。

在郑成功方面，顺治十年三月，郑军竟大举入长江、攻崇明、破镇江，登金山遥祭明太祖陵，掠战船三百艘于吴淞口。又在闽南海澄战场上，清朝平南将军金砺率兵数万攻郑军，顺治十年五月初四日用大小铳枪火炮数百门攻城，最后清军仍以惨败收场。清廷视大西军为主要的敌人，对郑成功就以和议牵制了。

顺治十一年（公元1654年）正月，清廷携带敕谕与印信的专使到了闽南，先派郑氏家人会晤郑成功，通报清廷遣使议和之事。郑成功为维护家人安全，乃派出常寿宁等为使臣去福州与清使议和。郑成功面嘱常寿宁等："议和之事，主宰已定，烦尔等言及应对，只是礼节要做好看，不可失我朝体统。应抗应顺，因时酌行，不辱命可耳。"二月初一日，双方专使开始议和，清方要求常寿宁等行下见上之叩拜礼，常寿宁等则坚持行宾客礼，而且提明清"两国论"，当然这次和会没有任何成果。后来经过多日的折冲与安排，终于在二月初六日，清使与郑成功本人在泉州安平的东山书院中见了面，大家寒喧之后，第二天清使交给成功敕印，但成功没有开阅，只宴请了清使一顿。经清使的一再"乞示旨意"，郑成功才回答说："兵马繁多，非数省不足安插。和则高丽、朝鲜有例在焉。"并将敕印退回清使，所谓的和谈就如此结束了。郑成功在清使北归复命之后，分派军队到兴、福、泉、漳等邑，"派助乐捐"，取得了不少兵饷，增强自己兵力。郑成功这次向清廷提出了新条件"两国论"。

清廷知道郑成功的心意之后，决定剿抚兼用的策略，一边仍派郑芝龙的次子郑世忠南下作最后努力，一边也征调大军备战。福临也再度发出敕谕，要郑成功剃发来归，"顺逆两端，一言可决"，希望郑成功"熟思审图，毋贻后悔"。清方又派了两位高阶官员南下，带着郑世忠去见郑成功。清使要郑成功到福州来开会，郑成功则请清使到安平来议事。清使无奈，只好在顺治十一年八月二十四日来到了泉州，他们先派人告诉郑成功："藩不剃发，不接诏；不剃头，亦不必相见。"态度极为强硬。郑成功则叱斥了来人，双方未见面即已形成僵局。直到九月初四日，郑成功才派人去泉州请清使来安平见面，清方为小心起见，先让成功小弟郑世忠看视兄长，希望以亲情营造和谈气氛。不过据当时人的记录，成功与世忠见面后知道"此番不就，全家难保"的严重性，但是他坚决地对小弟说："我若苟且受诏、削发，则父子俱难料也。""个中事，未易，未易！"显然成功是无意接受招抚的。

九月十七日，清使到了安平，双方都布置了军队，如临大敌地和谈，但又为了剃发事争执不决，清使认为不剃发则不能议事，成功则不同意，于是又无结果地结束了会议，清使也在不久后回京了。

福建巡抚佟国器认为郑成功"终无剃发受抚之意"，因而上奏福临说："据臣愚见，非示之以威，则何知有恩？非迫之以剿，则何肯就抚？此不易之定理也。"他主张讨伐郑成功。清廷中央的王公大臣也觉得郑成功"不降之心已决"，建议皇帝"实时发兵扑剿"，福临同意他们的看法，在同年十二月十六日，特任世子济度为定远大将军，统率满洲大军入闽，清郑关系进入了新阶段。

郑成功方面在清使返京，和议不成时，便积极准备攻防战具，大整舟师，并在闽南一带征饷，在顺治十一年底攻克了同安、南安、惠安各县，第二年正月又打下了仙游，省城福州都受到了威胁，情势变得紧张了。顺治十二年（公元1655年）五月，世子济度的大军三万多人到达了闽省，清郑大战一触即发。这时新任闽浙总督李率泰刚上任，他想作最后努力，写信到厦门给郑成功，希望他再作考虑，接受招抚，免得战争，但无结果。七月间，郑军又入闽江口，克闽安、连江等地。八月，郑成功亲率大军攻福州，军事失利，乃还兵金厦。济度率兵到了泉州，又与成功谈受抚事，郑成功还是不为所动，因此双方只有兵戎相见了。

由于郑成功以金厦为基地，冬季海风强劲，满洲旗兵又不善海战，因此大战到顺治十三年（公元1656年）四月中才发生，清军出泉州港，分三路攻金厦，结果在围头海上交战，清军在气候恶劣、无海战经验、不耐眩晕之苦等因素下，溃不成军，郑军于是军威大震，继续在闽北各地大征饷银、粮草。清军在战败之余，深感以战"平海"不易，改采"禁海"政策及离间成功部众为战略。

顺治皇帝因为郑成功抗命不就抚，后来下命将郑芝龙一家全部流放至东北宁古塔地方，最后依照谋叛罪名将他们"族诛"，实在凄惨。

郑成功为矢志复明，决心发动北征行动，攻打南京。可是几次出兵都不顺利，不是后方军事牵制，就是海上遇风。直到顺治十六年（公元1659年）六月，才进入长江，攻克镇江、瓜州等地；不过此时清军在西南战场上已获得大胜利，滇黔川桂湖五省都几乎大获全胜，所以江宁之战可用班师军队来应付，因此战局转危为安。郑成功见江宁之战失利，为保持实力，决定转帆返回闽南，不过他的雄心壮志也因北征不成功而受到严重打击，甚至顿生"恐孤岛之难居"的感伤情怀。而清廷则通令各地官员"如（郑成功）亲身剃发，自行绑缚来降情确，准题奏"，可见态度是多么的强硬，这都是时势已变，清廷已操纵大局的结果。

顺治十八年（公元1661年）二月，郑成功从厦门移驻金门，命其子郑经等人留守金厦。三月二十三日，他亲率将士两万五千多人，大小战船数百艘，由金门出发，次日抵澎湖，随后直驶台湾。四月初从鹿耳门登陆，同年底逼降荷兰守军，结束了荷据三十八年的殖民历史，也开启了台湾开府立县的新纪元。

清顺治朝福临与郑成功的和战关系，前后进行十年之久，这十年正是福临亲政的全部岁月，也是郑成功一生历史的最重要时期。双方在和议方面，虽然来往动作频繁，但终无一点成就。在战事方面，从表面看像是郑成功在小型战事上多胜利，但北征一类的大战役中却都遭逢失败。郑成功不顾亲情、不惜大义灭亲的反清复明，赢得了"创格完人"的美誉。然而就整个和战得失来看，郑成功仅在东南沿海小有斩获，而输掉了中原大战胜利的良机。清朝则得益为多，因为他们利用和谈扭转了西南与东南战局的整个大势，同时也达到了巩固闽、粤、浙江海防的目的。

顺治十八年正月福临去世，当时大陆绝大多数州县已隶属于清廷的管辖之下。不久郑成功也东渡台湾，第二年病逝，他也在台湾建立了新的复明基地。两位对抗十年的主角离开了人间，两岸和战事务只有留待他们的子孙解决了。

四十

控制蒙古

在古代中国，很多朝代都忙着修筑长城，以防塞外民族入侵。康熙皇帝曾经得意地说过："本朝不设边防，以蒙古部落为之屏藩耳。"清朝确实没有为长城动过大工程，因为蒙古诸部被他们控制着，不会来侵犯，当然也不需要长城抵挡了。早年控制蒙古的工作，顺治朝就做了不少的贡献。

长城以北的广大地区，在清朝初年，大概可以分为三大蒙古部落的游牧区：戈壁沙漠南方的称为漠南蒙古，漠北称漠北蒙古或喀尔喀蒙古，戈壁西部的称漠西蒙古或厄鲁特蒙古。三大蒙古部落区内又分若干部，互不相属，有时各部也发生攻伐。清朝在未入关前，努尔哈齐、皇太极两代都以漠南蒙古为主要交涉对象，最近满洲的科尔沁部与满洲很好，虽有战争，但后来以通婚、结盟成了好亲家，另外察哈尔蒙古则被皇太极征服，喀尔喀蒙古也有来归清朝的，皇太极用盟旗制度管制了他们，收到很好的效果。漠西的厄鲁特蒙古因为相隔遥远，与清朝的关系到多尔衮入关后才逐渐建立起来，不过当时清廷忙于平定中国南方抗清势力，厄鲁特蒙古也因各部争权而发生互斗的纷争，彼此关系无法进一步发展。

顺治三年（公元1646年），有些蒙古部落看到清朝在中国境内陷入艰苦战争，便萌生异心，科尔沁蒙古的苏尼特部突然出走到喀尔喀部，脱离了盟旗控制。多尔衮怕在蒙古诸部起连锁反应，立即调集大军，由胞弟多铎率领，出征塞外。同年七月间，多铎连续大败苏尼特部酋长腾机思与喀尔喀部酋长土谢图汗，班师回京，但两部首领未被捕获，问题因而未得彻底解决。九月间，清廷警告喀尔喀部，必将腾机思等擒献，否则不与交往。直到顺治五年（公元1648年）秋天，喀尔喀部土谢图汗向清廷"贡马千匹，驼百只"，苏尼特部腾机思时已死，其弟腾机特亲来北京请罪，多尔衮仍予接纳，并照例赐宴，又让腾机特承袭其兄郡王爵位，至此苏尼特部叛逃问题得到解决。喀尔喀部的朝贡也变得比以前频繁，顺治八年（公元1651年）福临亲政以后，来北京朝贡遣使竟然多达八百八十四人，可以说是少见的盛况。受到喀尔喀部影响，更远的厄鲁特蒙古也大规模地来朝贡，同年十一月贡使人数也有三百二十人之多，同时还有外藩蒙古二十七旗听事头目与从人等，齐聚于礼部参加宴饮，这也是一次大会。

清初对塞外蒙古的政策以怀柔为主，以联姻、结盟为手段，必要时当以武力为后盾，解决问题，以提高并稳固清廷的威望与地位。对于蒙古诸部自身的争执，清廷多以超然的仲裁者身份，化解他们的冲突。例如喀尔喀部在顺治四年（公元1647年）抢掠巴林部人畜，清廷出面干预，命喀尔喀部给巴林部"照数赔补"，否则即与喀尔喀部不通好。经过多次下达敕谕，直到顺治十二年（公元1655年）四月，喀尔喀部首领多人才"以侵掠巴林，遵旨服罪来朝，并进岁贡马驼"。顺治皇帝也给予了"优赏"。同年五月，福临又派出使臣到喀尔喀部，表示以往种种都不再追究，希望彼此举行盟誓，永远修好，并商讨交还逃人、交通贸易等问题。喀尔喀部首领一度犹豫与来使举行盟誓，因为一经盟誓，无异就是承认与清朝的君臣关系，自己也就去了自主独立的身份。后来经过清廷的威胁利诱，加上清朝在中国南方的战事也苦撑了下来，到这年十一月，喀尔喀蒙古诸部乃与清朝约誓，决定按贡例规定，向清廷进"九白之贡"（白驼一，白马八）。同年底，喀尔喀专使到了北京，福临派多罗安郡王岳乐与他们在宗人府"酹酒约誓"，正式建立君臣关系，喀尔喀部被划分为八个扎萨克（蒙语，原意为"法令"、"条例"，后引申为"执法者"、"旗长"）。

喀尔喀蒙古虽然从皇太极时代就已经向清朝朝贡，但来贡频率不正常。经过多尔衮摄政时代的继续推动绥抚工作，到福临亲政后第五年即顺治十二年，几经周折，终于使强悍的这一部分蒙古部落完全臣服，实在也非易事。至此，喀尔喀蒙古也像科尔沁蒙古一样，成为清朝统治的一部分了。

漠西的厄鲁特蒙古，由于地远，虽有朝贡之名，但与清朝的关系并不密切。顺治十二年以后，厄鲁特部首领相互斗争，朝贡减少，而且还有该部进犯内地、抢掠人民财货的事。顺治十三年（公元1656年）八月，清廷对他们提出警告，说他们前后已抢掠二十多次，又不服地方官的劝诫，大不合理，本来"分疆别界，各有定制"，希望厄鲁特蒙古诸部"照旧分定耕牧，毋得越境混扰"。不过，厄鲁特蒙古并未能接受劝告，双方关系也未能获得进一步改善。

盟旗制度是清朝统治蒙古地区的基本制度，这制度创立于清太宗皇太极时代（请参看拙作《皇太极写真》，商务印书馆，2010年），"旗"与满洲八旗制度中的牛录编制及旗的形成有密切渊源，"盟"起源于会盟形式，后来逐渐发展为社会组织制度。蒙古的盟旗是基层政治组织，也是军事组织与社会组织。盟由一旗或数旗合成，设盟长一人，率所属三年会盟一次，"清理刑名，编审丁籍"等事。旗各有扎萨克一人总理旗务，或世袭、或简任，由清朝中央衙门理藩院颁给印信。顺治朝使盟旗制度的功能更加强了一番，使蒙古部族间的兼并、争夺事件减少发生，对清廷更便于统治。

为了盟旗制度的完备，顺治一朝做了不少工作，例如：使会盟更为严格，顺治九年（公元1652年）规定"会盟敕书，由内阁（院）撰书"。另外，在清初又规定蒙古地区每三年编审一次人丁，凡六十岁以下、十八岁以上者，都要写入册籍。隐匿人丁的，各级长官都被处罚，这样清廷就可以知道蒙古的确实丁口数目，有利于统治蒙古各部，并调度兵员。顺治七年（公元1650年）规定漠南蒙古地区每十五丁给宽一里、长二十里的土地，作为放牧之所，如此划分牧地，不但使彼此间冲突减少，也促进了蒙古地区游牧经济的发展。顺治十三年，福临向蒙古王公特颁敕谕，强调"朕世世为天子，尔等亦世世为王，享富贵于无穷，垂芳名于不朽"，决定追随他父亲封爵、加恩以笼络蒙古的旧规，来巩固满蒙间的联盟。清初对蒙古的封爵有五等，即和硕亲王、多罗郡王、多罗贝勒、固山贝子、公，此外还有较低的台吉。顺治十四年（公元1657年），清廷又下令定外藩王、贝勒、贝子、公的俸银、缎匹，后来定数为亲王俸银二千两（科尔沁部关系特殊，年俸银二千五百两），郡王一千二百两（科尔沁郡王一千五百两）、贝勒八百两、贝子五百两、公二至三百两、台吉一百两。俸缎也由四十匹到四匹不等。此外，蒙古王公们的服饰也有特权。凡是蒙古首领娶清宫贵族女子的，也按贵女的身份不同而获不同银缎的丰厚待遇。清朝这样笼络蒙古贵族，使马上民族可以不必游牧而能获得俸禄与若干特权，蒙古的武力逐渐消失了。当然，顺治朝控制蒙古成功的原因还得力于西藏的喇嘛教，下面就是来谈谈这方面的事吧。

四十一

羁縻西藏

顺治皇帝小时候在宫中一定参加过很多萨满教的祭典仪式。萨满教是满洲人的传统宗教信仰，现在在沈阳故宫中还可以看到很多遗迹。不过他入关以后，显然对西洋天主教一度发生兴趣，否则他不会常去汤若望的教堂，更不会让汤若望在清宫中跟他彻夜聊天。当然他后来对汉化过的佛教最为热衷，甚至信仰到想去出家。在他与各种宗教接触中，可能与喇嘛教的关系最特别，而且留下最正面的历史意义。

喇嘛教现在称为藏传佛教，在努尔哈齐时代由蒙古人介绍传入了满洲。皇太极似乎更笃信喇嘛教，他下令属下人在战争中不得毁破庙宇，不能伤害僧人，他又时常宴请喇嘛高僧，并赐给他们银两，以示礼敬。尤其是得到察哈尔蒙古供奉多年的嘛哈噶喇金佛之后，他建立了实胜寺，虔诚地供养，并以护法自居，成了喇嘛教的保护人。崇德四年（公元1639年），皇太极还派了专使去西藏与当地的政教领袖联络，任务没有达成；不过三年之后，西藏的大型特使团来到了沈阳，皇太极非常礼貌地接待了他们，不但亲自出城迎接，站着接受西藏的文书，并让使臣与他同座。后来又听任西藏使臣在沈阳弘法，清廷"命八旗诸王贝勒各具宴，每五日一宴之，凡八阅月"。最后西藏使者们赋归时，欢送的场面也很隆重盛大，皇太极"率诸王贝勒等送至演武场，设大宴饯之"，又赠送了不少礼物给他们。据《蒙古源流笺证》一书所记，皇太极似乎还拜托来使带口信给达赖喇嘛，希望在征服明朝以后，能和达赖相见。

皇太极为什么如此地善待西藏来使呢？为什么如此尊崇喇嘛教呢？魏源在《圣武记》里说：喇嘛教黄教创始人宗喀巴大师在很多年前即有预言："黄教当渐流震旦，俟五世后，有东方圣人出主中国，大扶黄教，乃可行化。"皇太极时代的达赖喇嘛正好是第五世，而东方又有了新兴的大清帝国，所以蒙古人称皇太极为"博克达"（智勇兼备之人，或译为圣者）。既然有此"卦验"，当然令清人鼓舞，因而皇太极对西藏要大加扶持。也有说达赖喇嘛是观音菩萨化身，满洲皇帝是文殊菩萨化身，蒙古可汗是金刚手菩萨化身，因此满蒙藏因黄教共同立场很容易集合在一起。这些宗教家的解释也许有道理，但是政治的因素应该更为重要。顺治皇帝就说过："当太宗皇帝（指皇太极）时，尚有喀尔喀一隅未服，以外藩蒙古惟喇嘛之言是听，因往召达赖喇嘛。"日后乾隆皇帝讲得更清楚："盖中外黄教，总司以此二人（指达赖与班禅），各部蒙古一心归之。兴黄教，即所以安众蒙古，所系非小，故不可不保护之，而非元朝之曲庇谄敬番僧也。"可见清初以来，满洲皇帝尊崇喇嘛教，联络西藏，确是有政治功利的目的。

西藏方面又为什么愿意对清朝示好呢？原来在皇太极继承汗位之后，达赖喇嘛受制于当地统治者藏巴汗，达赖乃向厄鲁特蒙古和硕特部酋长顾实汗求援，结果引起了顾实汗与藏巴汗的战争，藏巴汗战败死亡，顾实汗成了控制西藏军政大权的领袖，这时已是崇德七年（公元1642年），也就是西藏派大型特使团访问沈阳的那一年。顾实汗对达赖喇嘛很好，让他做宗教领袖，并给他西藏地区全部税收作为黄教寺院宗教活动的费用。顾实汗又提高班禅的地位，使之管理后藏，也用作平衡达赖的权力。顾实汗在崇德元年（公元1636年）曾经派人向皇太极贡献马匹、白狐皮等物，当时

四十一

羁縻西藏

173

他还没有进据西藏，后来西藏派大型特使团到沈阳，实际上也是由顾实汗主导而促成的。

西藏使节团到沈阳的后一年，皇太极就病逝了，他与达赖见面的愿望没有达成。再过一年，清朝就入关做了中国的统治者。在多尔衮摄政期间，虽忙于平定南明抗清运动，但并没有忘了与西藏的联络工作。顺治四年（公元1647年）二月，多尔衮派喇嘛侍卫格隆等赴藏，并向各宗教领袖赠送金玉器皿、缎匹、雕鞍、甲胄等物，双方的关系很快又密切起来。顺治六年（公元1649年）八月，达赖的使臣也来到了北京，进贡方物，并上表说：达赖将于壬辰年夏月朝见清朝皇帝。壬辰年是顺治九年（公元1652年），达赖的主动提出要与清帝见面，一说是蒙古顾实汗的安排；一说是西藏宗教领袖热情向往所致。但也有说是顺治皇帝"敦促五世达赖速赴京师"的。

顺治九年正月元旦日，西藏使臣向清廷报告达赖的行动。事实上，达赖是这一年三月十七日由西藏出发的，四世班禅曾为他举行了六天的饯别宴会，而顾实汗也护送达赖行走了一天，后来再由蒙古军队护卫，一直到西宁。西宁以后的行程则由清朝方面负责。同年九月初五日，达赖喇嘛到了宁夏，改乘清朝皇帝为他特别准备的金顶黄轿代步，直到十二月中才入关与顺治皇帝见面。在达赖与福临见面之前，双方还发生了一场见面地点的交涉。

据清代官书《清实录》记：达赖喇嘛和随从的三千人出发以后，曾向清廷表示要在归化城或代噶（今地不详，但有人认为是凉城，在今内蒙古自治区呼和浩特市东南）与清帝见面，如此对这位黄教精神领袖的地位与身份比较合适。清朝中央曾为这件事举行会议商讨，集会时大臣分为两派，意见不同。福临本人起初是想到关外迎接达赖的，所以他在九月初三日的谕旨中对大臣们说：

今朕欲亲至边外迎之，令喇嘛即住边外，外藩蒙古贝子欲见

174

喇嘛者，即令在外相见。若令喇嘛入内地，今年岁收甚歉，喇嘛从者又众，恐于我无益，傥不往迎喇嘛，以我既召之来，又不往迎，必至中途而返，恐喀尔喀亦因之不来归顺。

可见福临原先是从招待费用、待客礼貌以及达到喀尔喀蒙古归降的多种原因上，决定要出塞亲迎达赖喇嘛五世的。满洲大臣们的看法是：

我等往请，喇嘛即来。上亲至边外迎之，令喇嘛住于边外，喇嘛欲入内地，可令少带随从入内，如欲在外，听喇嘛自便。上若亲往迎之，喀尔喀亦从之来归，大有裨益也。若请而不迎，恐于理未当。我以礼敬喇嘛而不入喇嘛之教，又何妨乎？

满洲大臣们可以说与皇帝有志一同，从现实利益的观点出发。不过，汉人大臣却有不同想法，他们以为：

皇上为天下国家之主，不当往迎喇嘛。喇嘛从者三千余人，又遇岁歉，不可令入内地，若以特请之故，可于诸王大臣中遣一人代迎，其喇嘛令住边外，遗之金银等物，亦所以敬喇嘛也。

另外据说西洋传教士汤若望也"特上一很长的谏书，并且又亲自向皇帝面奏"，"他谏皇帝不要自失尊严引招这一种耻辱，因为这是历史上的大污点，人们永远不会忘掉的"。他也是反对福临出迎的。

由于汉人大臣洪承畴、陈之遴等再三谏阻，福临最后在十月十二日改变心意，派了和硕承泽亲王硕塞代表他去代噶迎接达赖喇嘛五世来京。十二月十五日，福临在北京南苑会见了达赖，赐座、赐茶、赐宴，极为优礼，同时又命户部拨出九万两供养银。五世达赖留居北京期间，一直住在专为他建造的定安门外西黄寺中，福临又在太和殿中设专宴款待过达赖，

羁縻西藏

也让他和自己一同登朝登座，位于群臣之上。

顺治十年（公元1653年）二月十八日，达赖喇嘛离京返藏，福临在太和殿设宴为他饯别，并赐黄金五百五十两、白银一万一千两、大缎一千匹，以及鞍马、珠玉等珍贵物品。皇太后也赏给黄金一百两、银一千两和其他物品，可谓满载而归。同年四月二十二日，福临又命礼部尚书觉罗郎球、理藩院侍郎席达礼等，专送册封达赖与顾实汗的金册金印，前往代噶册封。加封达赖的金册金印用满汉藏三种文字书写，金印的文字为："西天大善自在佛所领天下释教普通瓦赤喇怛喇达赖喇嘛之印。"另外给顾实汗的印文为"遵行文义敏慧顾实汗印"，册文中则有"尔尚益矢忠诚，广宣声教，作朕屏辅，辑乃封坼"。从颁给二人的册文与印文中可以看出：顺治皇帝封达赖为西藏的宗教领袖，而管辖西藏地区的军政大权则授予了顾实汗。

顺治皇帝给达赖与顾实汗如此册封，表明了清朝与西藏之间已经是君臣关系，而且西藏是政教分离的，这为日后西藏直隶清朝中央政府，营造了有利条件。

福临与达赖喇嘛五世的会见，是满、藏两大首领空前的大事。由于会见的成功，也进一步为解决漠北蒙古问题奠定了基础。顺治十二年（公元1655年）十月，喀尔喀部土谢图汗等与大清政府和好约誓，恢复向清廷进"九白之贡"，都是与这次会面有关的。

四十二

击败罗刹

罗刹,是早年俄国(Russia)的中文译名,又作罗禅。(罗刹一词,源自梵文Raksa,意为"邪气"、"恶鬼"。在印度神话中有男性恶魔罗刹,是可怕的食人夜鬼。后被佛教吸收,引申为恶人。)清朝初年的文献中称从西伯利亚来的俄国人为"罗刹"或"罗禅",是指一批常骚扰中国黑龙江地区的哥萨克人。后来俄国有使臣来清廷交往,为作区别,并为表示尊重,清代官书与档案里称使节为鄂罗斯来使。

俄国本是欧洲国家,和中国相隔很远。到16世纪初年,他们形成国家后乃向外扩张。16世纪下半叶越过了乌拉山以后,仅仅几十年间,便在西伯利亚建立了据点,其后更向东发展,到17世纪30年代其势力就逼近了中国。

明崇祯十六年,清崇德八年,公元1643年,沙皇支持的第一支远征军一百多人来到了黑龙江地区,他们带有枪支火器,目的是向居民征收毛皮实物,同时寻觅金属矿产。同年十一月间闯入精奇里江中游达斡尔人的聚居地,四处绑架人质,强征实物,激起当地居民的反抗,因而发生流血战斗,俄国人在死伤多人后逃归。这是黑龙江地区人民第一次自发性抗暴,

击败罗刹

政府没有参与任何行动。

被打败的俄国人回去向当局报告，说黑龙江地区人口稠密，盛产粮食和貂皮，认为只要有三百人的队伍可以征服这个地区。富商出身但也是臭名昭彰的哈巴洛夫（Khabarov）自告奋勇，组织军队来到远东。顺治七年（公元1650年），他们越过外兴安岭侵入中国，进入达斡尔人的居地。达斡尔人探听到罗刹人要来，便坚壁清野地将居民迁离城堡。哈巴洛夫一无所获，又听说中国皇帝有强大的军队，于是他留下斯捷潘诺夫（Stepanov）一伙人驻守，自己回去向总部求援。西伯利亚的总部只给了他二十一名军人和三门大炮。后来他与留守的人合力攻下了雅克萨城，占据了这个战略要地。哈巴洛夫乃向黑龙江中游进发，不久就发生了古伊古达尔村的大屠杀事件。顺治八年（公元1651年）六月，哈巴洛夫的远征军攻打古伊古达尔村，达斡尔人群起抵抗，当时村中约住有一千多人，他们安置好了妇幼，藏好了粮食，并烧掉村外住屋，准备决一死战。俄人用枪炮攻村寨，村民万箭齐发，俄国人描写说：城外落下的箭，好像"田野里长满了庄稼一般"。坚守了一天一夜之后，敌人因火力强大，终于攻进村子，二百多位守城的村民全被打死，入村后凡被俘的也都被杀光，抢走妇女二百四十三人，儿童一百一十八人，还有牛羊马匹四百多头，这是俄国记录的战胜成果。

哈巴洛夫乘胜于同年八月进攻精奇里江口的多伦禅屯，这是一个富庶的村子，结果在武器悬殊下，俄国人又攻破了该村，杀死不少村民，并俘获了二百七十多人。十月间，哈巴洛夫又前进到了在伯力以东约六百里的乌扎拉村，这里是赫哲人的居地，居民当然敌不过俄国人的火器，乃向清朝驻守在宁古塔的清军报警求救，当时清军多已入关，关外留守的人不多，不过得到外国人入侵的消息，当然立即出动军队，保卫居民。

宁古塔章京海色，对外情知之无多，又低估了俄国人的力量，所以派出的军力有限。顺治九年二月二十五日（公元1652年4月3日）黎明到达了乌扎拉村，海色先行施放大炮，让敌军有所警觉，战斗时又下令要生擒敌人，清军进攻受到不少限制，结果反被俄国人打败。不过，哈巴洛夫发现有中国军队前来，他知道事态严重，于是急向黑龙江上游撤退。后来哈巴洛夫奉命回国，接受奖赏，沙皇赐封他为贵族，并得到大片土地，俄国御用文人称赞他为"开发新土地"的英雄。

哈巴洛夫回国之后，接替侵华任务的是斯捷潘诺夫。

由于俄国人的骚扰，黑龙江流域居民离散，田园荒芜，斯捷潘诺夫的部下缺粮严重，加上清军对东北边区战事也密切关怀，并征集军队，加强军备，情势得到改变。

顺治十年（公元1653年），大清政府任命沙尔虎达为第一任宁古塔昂邦章京，专职对付俄军侵略。第二年，沙尔虎达率领满洲军人三百、虎尔哈部兵弁三百以及前来助战的一百朝鲜火器兵，与斯捷潘诺夫所带领的三百七十名俄军在松花江口发生激战。清军引诱俄军登陆，设置埋伏，战败俄军，据斯捷潘诺夫自己说："许多军役人员受了伤，他们已经不能与博克多人（指中国人）作战了。"

顺治十一年（公元1654年）底，清廷"命固山额真明安达理统率官属兵丁，往征罗刹于黑龙江"，斯捷潘诺夫退守呼玛尔等处。明安达理的部下在城外击毙俄军二十人，接着又打死企图突围的八十七人，不过俄军仍坚守城池顽抗。清军因携带的粮草不多，攻打十天还不能克城，明安达理乃下令撤围，清朝官方记载说："旋以饷匮班师。"

顺治十四年（公元1657年），清廷再派宁古塔昂邦章京沙尔虎达征伐罗刹。第二年秋天，斯捷潘诺夫率领五百名军士窜到松花江上，沙尔虎达率清军分乘四十七艘小船，在松花江与牡丹江会流处严阵以待，清廷又向朝鲜征调二百六十名火器手来助战，俄军不久陷入重围，顿时大乱，一百八十名士兵临阵脱逃，斯捷潘诺夫率领残队应战，经过一场激战，清军生擒或歼灭了敌军二百七十多人，并缴获貂皮三千多张，斯捷潘诺夫在是役中战死。清朝官方记载说："镇守宁古塔昂邦章京沙尔虎达等疏报：击败罗刹兵，获其人口、甲仗等物，命兵部察叙，以所俘获分赐有功将士。"

顺治十六年（公元1659年），清军先后攻克雅克萨城，并拆毁了俄国人的据点呼玛尔堡。

顺治十七年（公元1660年）七月，镇守宁古塔总管巴海等上奏称：

> 臣等率兵至萨哈连（满语，意为黑龙江）、松噶里（满语，意为松花江）两江合处，侦闻罗刹贼众在费牙喀部落西界，随同副都统尼哈里、海塔等，领兵前进，至使犬地方，伏兵船于两岸。有贼艘奄至，伏发，贼即回遁，我兵追袭，贼弃舟登岸败走，斩首六十余级，淹死者甚众。获妇女四十七口，并火炮、盔甲、器械等物。

至此，流窜于黑龙江中下游的俄军全部肃清，东北边疆得到了一时的安静。

俄国一边用哥萨克军人远征中国东北，一边又遣使来北京试探建立外交与商业关系。顺治十一年（公元1654年）先派出巴伊科夫（Buikov）使节团来，两年后到北京，俄使盛气凌人，拒绝叩头，结果清廷官员认为"不宜令朝见"，不接受他们的贡物，"遣之还"。顺治十五年（公元1658年），俄国又派出佩尔菲利耶夫（Ivan Perfiliev）使节团，十七年抵华，又因为"语多不逊"而"逐其使，却其贡物"。顺治年间，俄使来华虽然没有达成外交目的，但是每团都在商业方面获得厚利而归，据说至少都有百分之百的利润，甚至有利润高达百分之三百十五的。

自从努尔哈齐创建龙兴大业以来，就对蒙古科尔沁部极为重视，因为若将科尔沁蒙古联络好，即无后顾之忧，所以努尔哈齐家族与科尔沁部之间，嫁娶频传，缔结了很多次政治婚姻。就以皇太极来说，他在明万历四十二年（公元1614年）与科尔沁贝勒莽古思的女儿博尔济吉特氏成亲，这位夫人后来成了盛京五宫之首的中宫皇后，死后谥为孝端文皇后。后金汗国天命十一年（公元1625年），皇太极又娶了科尔沁贝勒塞桑的女儿布木布泰，她是孝端文皇后的亲侄女，也是日后大大有名的孝庄文皇后。布木布泰的亲姊姊海兰珠在天聪八年（公元1634年）再嫁给了皇太极，可见在清人入关之前，在皇太极的五宫之中，有三位后妃来自科尔沁部。多尔衮摄政时，同样为了维持与科尔沁部的关系，又从博尔济吉特氏家中，为顺治皇帝选出一女，这位女子是吴克善的女儿，也是布木布泰的亲侄女，福临的亲表妹，两家可谓亲上再加亲。

顺治八年（公元1651年）正月十七日，也就是福临举行亲政大典后的第五天，他的亲舅舅也是准岳父科尔沁国卓礼克图亲王吴克善带着女儿来到北京，准备福临的结婚大典。据当时在中国的西洋人描述，新娘是"在全部军队和无数骑兵的陪同下来到的"，他惊叹地说道："世上竟确实有如此无边无际的骑兵队伍！我亲眼看见过西鞑靼给中国皇帝八万匹马作为礼物。"由此可知科尔沁部对嫁女的重视。可是小皇帝似乎对这件事不热心，当清廷主事大臣们上奏章建议在二月间举行大婚礼时，福临竟在奏章上批了："大婚吉礼，此时未可遽议，所奏不准行。"

本来亲政与大婚是有关联的，大婚表示一个人成年，成年人亲政是合情理的。福临现在只以时间不当推迟婚礼，实在不成理由，从气氛上看，多少透现了这门婚事从开始就不顺当。不过，四个多月之后，清宫突然传出制订大婚礼品详细清单的事，规定行纳采礼、行大征礼以及赐后父母、兄弟各种礼物的名称与数目，礼品的价值虽不是非常贵重，但项目相当齐全，也算是豪华了。同年八月十二日，满清皇家举行大婚礼，先遣官祭告天地、太庙，第二天再"册立科尔沁国卓礼克图亲王吴克善女为皇后"，一切都按隆重的大典仪注进行，场面盛大而热烈。册封皇后时也颁降了册文，还赞美了新皇后，说一些"毓秀懿门，锺灵王室，言容纯备，行符图史之规，矩度幽闲，动合安贞之德"的话。不仅如此，福临为这次大婚还替母亲加了徽号，以示感恩。又对王公大臣、内外官员、八旗士卒、一般人民施加恩惠，大赦天下，甚至还豁免了很多地方的钱粮，实在是旷典殊恩，也说明了政府与皇家对此次大婚的讲究与重视。

福临为什么在短短的几个月内会有如此的改变呢？清朝官修史书里没有记录，皇帝自己也是没有对婚姻的由冷变热提出过任何解释。不过，内外情势对这场婚事的发展是有必然影响的。福临的生母一定会对儿子施加压力，不然对不起自己的娘家。朝廷主事的王公大臣们也会给皇帝一些劝告，因为科尔沁蒙古是可靠的支持者，当时清朝的统治地位尚未稳固，中国各地反清势力仍多，不能再不顾蒙古的后顾之忧，这些现实的问题必然对大婚的完成有催化的作用。

不过，福临是个有个性的皇帝，也是要作为乾纲独断的皇帝，在大婚后两年，也就是顺治十年（公元1653年）八月下旬，他竟降谕命礼部、内三院察阅前代废后的事例，显然他与博尔济吉特氏的婚姻亮起了红灯。

大学士们看到情形不对，便由冯铨、陈名夏、成克巩、张端、刘正宗等人于八月二十四日联合上奏说："臣等不胜悚惧！窃惟皇后母仪天下，关系甚重。前代如汉光武、宋仁宗、明宣宗皆称贤主，俱以废后一节，终为盛德之累，望皇上深思详虑，慎重举动，万世瞻仰，将在今日。"

福临看了奏章，立即降旨批驳说："据奏皇后母仪天下，关系至重，宜慎举动，果如所言，皇后壸仪攸系，正位匪轻，故废无能之人；尔等身为大臣，反于无益处具奏沾名，甚属不合，着严饬行。"第二天命将皇后降为静妃。

在众大臣尚未作再一步反应时，他在八月二十六日颁发了第三道谕旨，约略说明了他要废后的原因，如"今后乃睿王（多尔衮）于朕幼冲时因亲定婚，未经选择"，还有"自册立之始，即与朕志意不协"，"宫闱参商，已历三载，事上御下，淑善难期"等。《清史稿》又引申为"上好简朴，后则嗜奢侈，又妒，积与上忤"。

在古代宫廷，废后是何等大事，"无能"，志趣"不协"，即使是多尔衮代为定亲，都称不上正当理由。浮奢、善妒等事亦无实据。皇后如无重大"失德"之处，怎能随便废后呢？所以朝廷的官员们发动再一波的"护后"行动了。

八月二十七日，礼部尚书胡世安率侍郎吕崇烈、高珩首先上奏说："臣等思八年册立之初，恭告天地、宗庙，布告天下。今二十五日奏闻皇太后，即日降为静妃，圣谕中未言及与诸王大臣公议及告天地、宗庙。臣等职司典礼，所奉敕谕，若不传宣，恐中外未悉。若遵奉传宣，恐中外疑揣。伏愿皇上慎重详审，以全始终，以笃恩礼。"礼部官员是以废后事不同一般家务事，不能说废就废的，要合乎典礼、合乎程序，才能办理，才能生效。福临无话可说，只好下令王公大臣们尽速"会议具奏"。开会之后，官员议论沸腾，不少人都上了奏章，其中尤以礼部仪制司员外郎孔允樾措辞激动，而且尖锐，他说：

……皇后正位三年，未闻显有失德，特以无能二字，定废谪之案，何以服皇后之心？且何以服天下后世之心？臣考往古，如汉之马后、唐之长孙后，敦朴俭素，皆能养和平之福。至于吕后、武后，非不聪明颖利，然倾危社稷，均作乱阶。今皇后不以才能表着，自是天姿笃厚，亦何害乎为中宫，而乃议变易耶？……臣思皇上天下之父，皇后天下之母，父有出母之议，为人子者即心知母过，尚不免涕泣以谏，况绝不知母过之何事，又安忍缄口严父之侧，而不为母一请命乎？

　　孔允樾知道这些话是皇帝不中听的，所以他在奏章的末尾加了几句："臣忝承圣裔，兼任礼官，值此职掌所在，安敢存畏斧钺、顾身家之心，一念孤忠，伏祈圣鉴。"福临可能感于他的忠心，把他的奏章"下诸臣议"，未予处分。

　　八月二十九日，又有御史宗敦一等十四人联名上书，他们也说未闻有皇后失德之事，请皇帝"收回成命"。福临裁示："宗敦一等明知有旨会议，渎奏沽名，下所司议处。"

　　九月初一日，王公大臣们集会讨论，大家仍以胡世安与孔允樾的说法为基调，强调"礼难轻易"，希望皇帝不要废后，可以"选立东西两宫"，佐理内政，"则本支日茂"。

　　皇帝听不进他们的建议，仍坚持"志意不协"，长达三年，不能忍耐，命众大臣们"再议具奏"。由于福临心意甚坚，王公大臣们知道"护后"的希望已经渺茫，九月初五日，由叔王济尔哈朗为首，代表会议人员上奏说："所奉圣旨甚明，臣等亦以为是，无庸更议。"这样的报告充分地表示了大家的无奈。福临更厉害地不想个人背上废后的责任，他对济尔哈郎的奏疏批示：

184

废后之事，朕非乐为，但容忍已久，实难终已，故有此举。

诸王大臣及会议各官，既共以为是，着遵前旨行。

皇后博尔济吉特氏就这样地被废了。可能为了顾虑到科尔沁蒙古的关系，顺治十一年（公元1654年）五月又下聘该部贝勒绰尔济的女儿为妃，这位仍姓博尔济吉特氏的女子，论辈分是布木布泰的侄孙女，婚后也被册立为皇后。但是福临与这位新皇后并没有成为恩爱夫妻，反而在不久之后，他又娶了董鄂氏，把新皇后也打入感情的冷宫。

四十四
钟情董鄂妃

　　顺治八年（公元1651年），福临举行大婚礼，娶科尔沁蒙古博尔济吉特氏为妻，并封为皇后。两年之后，他以各种不成理由的理由，废了这位皇后。第二年，他又娶了第二任皇后，还是从科尔沁蒙古来的少女，比第一任皇后晚一辈。不过被众人羡煞的皇家夫妻并不如意想中的生活愉快。福临在第二任皇后进宫之后，连续两年地故意找她的毛病，以失礼事、擅自破坏宫中礼仪等等，给予皇后一些处分，使她难堪，显然他们的结合仍是一场政治婚姻，爱情是谈不上的。到了顺治十三年（公元1656年），皇帝无法再废第二任皇后，突然想起当年王公大臣们建议他"选立东西两宫，则本支日茂"的事，于是他下令册立妃嫔。六月初七日，皇帝批示："今先册立东西二宫皇妃。"六月二十六日谕礼部：立定南王孔有德女孔四贞为东宫皇妃。八月二十五日又谕礼部：立内大臣鄂硕女董鄂氏为贤妃。不过，孔四贞因为已有婚约在先，许嫁给了孙延龄，因而东宫之事作罢。董鄂氏则于传谕之日就册立为贤妃了。三十多天之后，即九月二十八日，董鄂氏又被升为皇贵妃，升级的原因只是"式稽古制，中宫之次，有皇贵妃首襄内治，因慎加简择，敏慧端良，未有出董鄂氏之上者，应立为皇贵妃"。董鄂妃入宫不久，即逾越宫规地往上窜升，升迁之快，历史上罕见。

同年十二月初六日，举行册封皇贵妃大典，典礼之隆重，令人惊奇。同时还颁降大赦诏书，列恩赦条目十项，这也是历代封皇贵妃不见的事，就整个清朝三百年享国期间，从未见有封皇贵妃而颁恩赦诏的，董鄂妃可算是空前绝后地得到了隆恩。不仅如此，当时后宫虽有废后、第二任皇后以及其他妃嫔，但福临认为董鄂妃"才德兼备，足毗内政"，而且又为皇太后所喜爱，所以宫中的庶务，都给董鄂妃处理，"虽未晋后名，实后职也"。董鄂妃已是实际上后宫的主宰。

此外，董鄂妃的家人也得了不少旷典殊恩，她的父亲鄂硕在他册封皇贵妃时也被赐爵三等伯，鄂硕不久病死，又被追封为三等侯，谥刚毅。她的伯父罗硕也受到皇恩，在顺治十七年（公元1660年）授予一等阿思哈尼哈番。

董鄂妃被册封为皇贵妃之后，不久便怀了龙种，顺治十四年（公元1657年）十月初七日，她为福临生下一子，皇帝内心愉悦非常。不过，好景不常，这位小皇子出生不到四个月，连名字都还没有取好就病逝了，当然福临和董鄂妃都是悲痛万分的。尽管福临对大臣说人生"死生有定数"，但他的心情绝不是那么轻松。在小皇子死后两个多月，他命令礼部将他儿子追封为"荣亲王"，这是超出一般常理的做法，而更特别的是为荣亲王大办丧礼，建筑寝园，"安设神牌，遣官谕祭"。荣亲王的墓地是块风水宝地，在北京城郊的黄花山，顺治十五年（公元1658年）八月二十七日，按亲王级举行葬礼，这也是少见的。

更不幸的事是董鄂妃因丧子之痛，精神一直没有能复原，到顺治十七年八月十九日她也仙逝了，离荣亲王夭折只有两年六个月。福临连遭丧子丧妻之痛，精神也有些不正常了，他下令超乎一切规格地为董鄂妃办丧事，传谕亲王以下，满汉四品官员以上，并公主、王妃以下命妇等，都集于景运门内外，集体"哭临"，他自己也"辍朝五日"，忙着为亡妻写追悼的祭文等事。同时他又在董鄂妃死后的第三天传谕礼部，说皇贵妃董鄂氏"淑德彰闻，宫闱式化"，应当褒崇，"宜追封为皇后"，并赐谥号为"孝献庄和至德宣仁温惠端敬皇后"。礼部当然遵办，并在两天后（8月23日）完成了追封典礼的手续。

八月二十七日，将董鄂氏的皇后梓宫移放于景山观德殿，"致祭如前"。福临自己也为董鄂氏服丧十二天，到九月初二日释服。众官员与命妇都到九月十七日，满二十七天后，才"俱释服"。

另外还有两件事也是特别的：一是朝廷公文用蓝墨批，这不是皇贵妃死亡应行的事；二是福临将"太监与宫女三十人，悉行赐死"，免得爱妃在阴间缺乏伺候她的人。

皇帝对董鄂妃确实表现得多情而又真情，他慎重地为亡妻写祭文、写行状，他也命令内阁中书的学士们协助起草祭文，但多数他看了不满意，最后他用中书舍人张宸的文章，这篇祭文的末联有"渺兹五夜之箴，永巷之闻何日；去我十臣之佐，邑姜之后谁人？"据说福临读后"亦为堕泪"。而董鄂氏的"行状"则是由福临亲自撰写，也是一字一泪，他赞美了董鄂氏的很多美德，诸如：

（一）奉养皇太后与伺候皇帝起居，无微不至。

（二）有治国安邦之志，襄助福临励精图治。

（三）劝谏福临勤政、爱民、认真阅读奏章，特别慎重处理刑案。

（四）董鄂妃在宫中守分，"命共餐则辞"，"令同阅"奏章则"起谢不敢干政"。

福临为她写的"行状"令人感动，全文充满深情与对爱妃早逝的惋惜之叹！董鄂妃接受过汉文的教育，她"所诵《四书》及《易》已卒业"，对儒家学术思想颇有兴趣。据说每当日讲课程之后，她必请皇帝讲述所讲的内容。皇帝如对她"与言章句大义"，她"辄喜"，间有遗忘，她必进谏说："妾闻圣贤之道，备于载籍，陛下服膺默识之，始有裨政治，否则讲习奚益焉？"蒙古来的两任皇后，以及其他的满汉嫔妃，显然都没有具

188

备如董鄂妃的这些优点和长益，难怪福临对她钟情独系了。

爱妃死后，福临必然悲不欲生，当时在京城居住而且与皇帝有特别关系的西洋人汤若望说："皇帝陛为哀痛所攻，竟至寻死觅活，不顾一切。人们不得不昼夜看守着他，使他不得自杀。"也有说皇帝因情绪低落而看破红尘，顿生出家之念。据说他任情任性地剪了发辫，准备出家当和尚了，幸亏皇帝最尊敬的高僧玉林琇来到了北京，再加上皇太后竭力阻止，才让福临放弃为僧逃禅的想法，而命令一个太监做他的替身替他出家，如此才结束这段想当和尚的闹剧。

董鄂妃究竟是何等样的一个人物呢？她如何能令皇帝爱得如此疯狂呢？

一说董鄂妃就是江南秦淮名妓董小宛，她被南下的清军所俘，辗转入宫，被福临看中，而特加宠爱，给她改用满洲姓氏董鄂（Donggo）。这种说法如《清朝野史大观》卷一就言之凿凿，除引吴梅村《清凉山赞佛诗》为证外，又用冒辟疆《梅影庵忆语》"追述小宛言动，凡一饮食之细、一器物之微，皆极意缕述，独至小宛病时作何状，永诀作何语，绝不一及；死后若何营葬，亦不详书"为证，认为小宛未死。冒辟疆，即冒襄，官宦子弟，明末清初江南名士。据《梅影庵忆语》等资料可知：冒襄于明崇祯十二年（清崇德四年，公元1639年）与董小宛相识，十五年娶小宛为妾，第二年同返江苏如皋老家。清军南下后，冒家避难流离，冒襄重病几死。顺治四年（公元1647年），冒襄又被仇家诬陷，事解之后，又生大病，小宛侍病解危，身心交瘁，于八年正月初二日与世长辞，享年二十八岁。根据以上冒襄与他们友人的记事，至少有三点可以证实董小宛不是董鄂妃：

（一）董小宛比顺治皇帝大十四岁，当小宛在欢场芳名远播时，福临才两岁多；小宛死时，福临只有十三岁。（二）按清代官书所记，福临纳董鄂氏为妃，事在顺治十三年，当时已是董小宛魂归天国后之第五年，皇帝如何与一个死人结婚？（三）事实上在《梅影庵忆语》中详记了冒襄与小宛相识、完婚、蒙难、侍夫及劳病而死的一切情形，可以说是一位夫君忆妻、悼妻的长篇佳作。另外又有当时好些文人学士对小宛的悼念诗词，都可证明小宛死于夫家冒府，显然她是没有北上京城被册封为皇贵妃的可能。所以董鄂妃即是董小宛一说是不可信的。

另一说是董鄂妃原是顺治皇帝的弟媳妇，被福临横刀夺爱抢来的。这一说现代学者也有不同的看法。李治亭先生认为有此可能，他所持的理由有：

（一）汤若望这位与福临关系不浅的传教士记述：皇帝"对于一位满籍军人之夫人，起了一种火热爱恋"。当军人申斥自己的妻子时，皇帝知道后竟打了这位军人一耳光，逼得军人怨愤致死，也许是自杀而死。皇帝遂将军人的遗孀收入宫中，封为贵妃。这位贵妃于公元1660年产下一子，皇帝要规定他为皇太子，但数星期之后，皇子竟而去世，而其母亦于其后不久薨逝。李治亭先生在史料里查到福临的同父异母弟襄亲王博穆博果尔死于顺治十三年七月，正是董鄂氏入宫为妃的时候。同时《清史稿》中又记董鄂氏"年十八入侍"，命妇入侍的一定有相当的身份，而且是已婚的妇女，董鄂氏既已入宫服侍过后妃，她一定是已婚的有地位的人。襄亲王又死于这一年，诸多事实与汤若望所记相合。

（二）博穆博果尔死时年仅十六岁，顺治皇帝特给亡弟优厚待遇，除定例外加祭一次，又为他营造坟祠。这是意味着补偿对亡弟的亏欠吗？当年乾清宫新居落成，皇帝也因亡弟而不行庆贺礼。董鄂氏在这年八月间原应举行"册妃"典礼的，皇帝说："襄亲王薨逝，不忍举行。"命在八月以后再择吉日。按一般常情来说，皇弟的死不会影响国家事务正常的运行，"不忍举行"是不是心中有愧呢？

（三）福临不但在弟弟死后按亲王礼仪加祭一次，其后又不断地命令大臣为亡弟致祭，如八月十一日派内大臣公额尔克戴青往祭，此时距博穆博果尔死亡一个月另七天。八月二十五日降谕礼部册封董鄂氏为贤妃时，又派内大臣公鳌拜"祭和硕襄亲王"。九月二十五日，皇帝命礼部将册封董鄂氏为皇贵妃时，又命索尼去祭襄亲王。此外在举行册封皇贵妃大典的十二月初六日前三天，皇帝又派专人去祭亡弟。如此频繁地祭祀亡弟，而且时间都在董鄂妃的封典前后，是不是与夺妻致弟于死的歉咎有关呢？

李先生的这些理由很有说服力，不过，周远廉先生则有另外一些想法，如：

（一）他通读《汤若望传》，发现汤若望对满洲"军人"与"王公"的用词有分别，而且十分严格。汤若望是清廷官员，与宫廷关系也深，熟谙政局与官场，因此很难同意"满籍军人"就是指襄亲王博穆博果尔。

（二）博穆博果尔封为襄亲王是在顺治十二年（公元1655年）十二月，当时封王的册文中很清楚地说了他是"太宗文皇帝之子，朕之弟也"，因皇帝"用展亲亲之谊"而被封的，与以前多铎、阿济格等人因军功而封王的情形完全不同。再说清人入关时博穆博果尔才两岁多大，入关后从未参加过任何战役，他根本不是"满籍军人"。

其实除了这两点以外，汤若望是在钦天监做官的人，他的专业是天文历法，在《汤若望传》一书中，谈到不少宫廷盛典的事，所记时间都与清代官书记录的相同，可是他记董鄂氏生子是在公元1660年却是不正确的，1660年是董鄂妃辞世的年代。书中又说小皇子"数星期之后"去世，荣亲王死时已有近四个月大，不只"数星期"了。汤若望应该不致犯这类的错误，除非另有其人。还有董鄂妃是"年十八入侍"，即算当年就被福临看上，纳为妃子，其时博穆博果尔才十六岁，在一般满洲家庭，特别是皇族家庭，早婚有之，男小女大的婚姻是比较少见的，也值得专家们再思考。

董鄂妃的父亲叫鄂硕，入关前就任职护军参领，入关后更因军功升护军统领，他女儿被册封为皇贵妃时，他已是一品内大臣的大官了。他家是元老重臣，绝对有机会入侍皇太后，不必非想到因嫁给襄亲王才能入侍。

董鄂妃是不是博穆博果尔的王妃，还需要史料的证实，我自己如此想。

四十五

顺治与汤若望

汤若望（公元1592～1666年），字道未，德国人，耶稣会传教士。他在罗马学院研究神学与数学，有良好坚实的天文历算基础。

明天启二年（后金天命七年，公元1622年），汤若望来到广东，第二年赴北京，当时中国需要历法改革人才，汤若望等备受朝野人士的重视。特别是得到徐光启等人的赏识，后来由徐推荐，便参加明朝修历书的工作。在历局任职期间，汤若望还曾为明廷造过西洋式的战炮，崇祯皇帝因而屡赐匾额给他。崇祯十三年（公元1640年）升任北京教区区长，并能到宫中"举行弥撒，施行圣事"。在当时的北京，他是有名望、有地位的西洋人之一。

清人入关之后，他最初对满洲政权没有好感，也没有任何关系。多尔衮将北京城内居民南北分居，以防满汉杂居不便时，汤若望的教堂本来也应该迁到城南，他乃上奏书给多尔衮，请求免于迁出。没有想到清廷竟对他礼遇，同意他不搬家，这使他对清廷有了好感。不久他自荐为新朝再制为明廷制造过、后被李自成毁坏、测量星晷的仪器。多尔衮知道西洋历法优于中国的，乃命令他修正历法，定名"时宪历"，并命令顺治二年（公元1645年）颁行天下。不久汤若望就成为钦天监监印官，后来还因为"创立新法，勤劳懋著"，获得了太常寺少卿衔。

顺治八年（公元1651年），福临亲政以后，汤若望与皇帝、宫廷的关系变得更好了，这其中原因之一是因为皇太后布木布泰对他的尊重，也导致小皇帝对他礼敬。据说这一年小皇帝迎娶第一任皇后时，新皇后从蒙古来京后一直生病，御医不能治好，皇太后派人请汤若望帮忙，结果汤若望以圣药神奇地治好了即将成婚新娘子的病，令皇太后万分感激，甚至有传说太后自愿以义女身份对待汤若望。福临称这位西洋神父为"玛法"（Mafa，满语，有祖先、老祖、老长辈等意），表示对汤若望的尊敬。另一个原因可能是小皇帝对西洋科学与宗教知识非常有兴趣，而对汤若望所谈的做人处事道理以及治国方法等等至为钦佩。特别是汤若望暗示他多尔衮专权的可怕，但也向皇帝说明多尔衮寿命不会太长，给福临带来无限欣喜的希望。从皇帝亲政后不久到顺治十五年（公元1658年），确实是福临与汤若望二人相处欢愉的蜜月期。顺治八年八月，皇帝加封他为通议大夫，又封他的父祖二人为通奉大夫，祖母与母亲为二品夫人。既而又加汤若望太仆寺卿，不久又改为太常寺卿。顺治十年（公元1653年）三月，皇帝认为汤若望修时宪历有功，赐号"通玄教师"（康熙皇帝名玄烨，为了敬避御名，后来改作通愚教师），加俸一倍。顺治十一年（公元1654年），皇帝赐汤若望地亩，作为日后"窀穸（墓穴）之所"。顺治十四年（公元1657年），又为教堂御笔亲书"通玄佳境"匾额（为避康熙皇帝名讳，后来改作"通微佳境"），并撰写碑文一篇，表扬汤若望"事神尽虔，事君尽职"，同年十月又授汤若望通政使司通政使。顺治十五年（公元1658年）正月，加封他为光禄大夫，恩赏其三代祖先一品封典。对于一个西洋人来说，真可谓旷典殊恩了。

除了这些封赐之外，皇帝还在其他地方表示对汤若望的极为尊崇，例如免除他行跪拜礼，钦天监监正这样五品小官可以免跪拜，真是破天荒、绝无仅有的事。皇帝又经常去汤若望的教堂，无拘无束地彼此畅谈，顺治十三年至十四年间，竟有到汤若望教堂二十四次的记录。同时皇帝也偶尔请他来宫中聊天，可见二人相谈的投机。特别是顺治十四年元月三十日，福临十九岁生日，第二天群臣趋朝拜贺，皇上竟当众宣布，他要去教堂庆生，汤若望魔力之大，由此可见一斑。顺治皇帝为什么对汤若望如此宠眷呢？有西洋传教士的书中记：皇帝曾对左右大臣说："汝曹祗知语我以大志虚荣，若望则不然，其奏疏语皆慈祥，读之不觉泪下。"又说："玛法为人无比；他人不爱我，惟因利禄而仕，时常求恩；朕常命玛法乞恩，彼仅以宠眷自足；此即所谓不爱利禄而爱君亲者矣！"据汤若望自己说，他前后给皇帝上过三百多道奏章与禀帖，对国事民生与皇帝的言行，无不提出意见、建议、请求与劝谏。汤若望最得意的是：（一）阻止皇帝去迎接达赖喇嘛，他认为这样出塞外迎喇嘛是耻辱，是历史上的污点。（二）顺治九年（公元1652年），敬谨亲王尼堪被大西军李定国埋伏斩杀后，福临原本要将二百多名军官处死。汤若望毅然上书，请求改变对诸将的惩罚，皇帝后来免了这批将领的死刑，改罚为降级革职。（三）皇帝有一次心血来潮，想在长城北边组织一个大规模如同打仗一样的游戏，这游戏如果真的举行了，贫民将受到最大伤害，甚至多伤人命。汤若望又见了皇帝，说出了弊端，福临后来果然接受谏言，停办游戏。（四）顺治十六年（公元1659年），郑成功围攻南京，福临惊慌失措，"欲作逃回满洲之思想"，后来又要御驾亲征，连皇太后劝阻都无效。汤若望最后应群臣请求，冒死向皇帝进言。福临知道他是忠于职守，听了他的奏谏，下令停止亲征。

汤若望对顺治皇帝直言相谏，指点迷津，应该是确有其事，因为汉人名臣龚鼎孳为汤若望所写的《汤道未七十寿序》中，就赞扬汤若望"睹时政之得失，必手疏以秘陈，举凡修身事天，展亲笃旧，恤兵勤民，用贤纳谏，下宽大之令，慎刑狱之威，盘固人心，镞厉士气，随时匡建，知无不言"。甚至"最后则直陈万世之大计，更为举朝所难言"，这是指立皇三子玄烨为嗣君的事，可见汤若望是以正直的动机、善良的目的、勇敢的作风，不断地向皇帝进言。求知求才若渴的福临当然倚重他为导师、贤臣了，双方的关系与情谊也就变得深厚。

不过，汤若望的一些目的最终还是没有达到，例如他想福临信奉天主教，甚至以天主教为国教，这个希望是落空了。汤若望十分厌恶太监，排斥喇嘛教，但皇帝又仿明制建置了十三衙门；与西藏的关系加强了，清朝中央对喇嘛教的重视更过于天主教。更让汤若望不堪的，是皇帝与他的私人关系逐渐疏远，皇帝不信天主而转信了佛祖。个中的主要原因可能是福临喜欢逢迎的政治和尚更胜于守清规、禁淫乐的清教徒吧！

四十六

顺治与佛教高僧

　　顺治皇帝亲政之初，受到儒家学术影响，想以文教治天下，对佛教并不崇信，甚至还有排斥的意思。顺治十年（公元1653年）正月三十日，福临与大学士陈名夏谈论天下治乱之因与国祚长久时，他说："喇嘛竖旗，动言逐鬼，朕想：彼安能逐鬼，不过欲惑人心耳。"但是到了顺治十四年（公元1657年），皇帝却先后宣召了一批高僧到京，有人说这或许是福临受了太监的影响，这种看法很有可能，因为一般儒家知识分子的官员与笃信天主的汤若望都不会引导皇上信佛。相反地，禅师通过太监而接近顺治皇帝，憨璞性聪就是重要的一位。这位禅师是福建人，顺治十三年（公元1656年）他住在北京城南海会寺。第二年初，皇帝驾幸南海子，途经海会寺，召见了憨璞性聪，同年十月他又被召入宫中，于万善殿与皇帝对话。福临问他："从古治天下，皆以祖祖相传，日对万机，不得闲暇，如今好学佛法，从谁而学？"憨璞回答说："皇上即是金轮王转世，夙植大善根、大智慧，天然种性，故信佛法，不化而自善，不学而自明，所以天下至尊也。"憨璞如此巧言相谀，当然获得了皇帝的欢心，被认为"奏对称旨"，不久被皇帝封为"明觉禅师"。我们现在看到《憨璞性聪语录》里

196

有不少他赠太监的诗，也是歌颂内官的，所以这是一位政治和尚，他逢迎皇帝，广交太监，进而得到福临的宠信。不过，他跟福临结缘的时间不长，只是他推荐了不少南方高僧给顺治皇帝。

在顺治晚年，影响福临最深，也是与他交往最密的约有三位高僧：

玉林琇（明万历四十二年至清康熙十四年，公元1614～1675年），临济宗著名禅僧，他是江苏人，俗姓杨，出身于"名门巨族"。他受父亲影响从小就虔诚奉佛，十八岁时入磬山寺，矢为"高僧名衲"。五年后当了浙江湖州报恩寺住持，时年二十三岁，为禅门罕见。他"道风严峻"，受大家赞扬。

顺治十五年（公元1658年），一方面是玉林的声名远播，一方面是憨璞的推荐，皇帝派人到南方来宣召他。他先是辞谢不应，表示自己有遗民风格。经福临三次邀请，他才决定赴京，"到天津，欲饿死不来"，仍以清高自持。一直到来年二月十五日始入京见到皇帝。玉林琇同样地也施展他的奇特之才和高深哲理，巧妙奏对，得到福临的推崇。皇帝常去玉林的馆舍请教佛理，并以禅门长辈相待。据说皇帝曾要取个法号，"要用丑些的字眼"，玉林为他选了十多个字，皇帝"自择痴字"，取了法名"行痴"，事玉林为师辈，自称弟子，"即玺章亦有痴道人之称"。福临也给他"师父"玉林赐了"大觉禅师"的称号，后来晋升为"大觉普济禅师"，最后加封为"大觉普济能仁国师"。玉林之所以得到皇帝如此优渥待遇，当然是有原因的，例如有一次皇帝问他："悟道的还有喜怒哀乐否？"玉林答："唤什么作喜怒哀乐。"又问："山河大地从妄念而生，妄念若息，山河大地还有也无？"答："如人睡梦中之事，是有是无。"福临听了这些佛语，据说神情大悦，敬佩异常。玉林第二次入京正是董鄂妃仙逝、皇帝万念俱灰的时候。他到北京后，听说他的弟子茆溪森已为皇帝落了发，他大怒下令叫徒弟们取来柴薪，准备把茆溪森烧死，福临又在母后的大力反对下，不得不再蓄发而打消出家的念头。而玉林的一番话"皇上应永居正位，上以安圣母之心，下以乐万民之业"，让福临"欣然听决"，不再逃禅，可见玉林琇确有一套手法，使皇帝受他摆布。据说玉林为人"阴鸷"，平常寡言多思，但野心极大，"阳为忘荣谢宠，而实阴行其沽名钓誉之术"。他晚年因弟子仗其势强占地产与邻近民人祠堂，他的善权寺被焚毁，自己则在北遁中"终日危坐"而死。他著有《大觉普济玉林国师语录》（附年谱）等。

比玉林琇与福临交往更久、影响皇帝更大的是名僧木陈忞。木陈忞是广东人，也出身于书香世家，明崇祯十五年（公元1642年）即当了宁波天童寺的住持。清顺治十六年（公元1659年）九月应召入京，第二年五月南返。清兵入关前，他原先是对明朝深怀故国之思的，甚至还不怕文字狱而编过《新蒲绿》诗文集，不满清朝统治。后来他"参之运会，酌诸时宜"而联络清廷，有人还写诗讽刺他说："从今不哭新蒲绿，一任煤山花鸟愁。"所以他也算是一位政治和尚了。

木陈忞在北京住了八个月，极受皇帝尊崇，赐封"弘觉禅师"尊号，以师礼事之，尊称他为"老和尚"。木陈与福临除参禅问佛之外，他们还畅谈古今、臧否人物。又从经史谈到《西厢记》、《红拂记》，难得的是看法相同，话语投机。当然他经常称赞皇帝"虚怀好学"，御下"能通天下之情"。甚至迹近拍马屁地说：当今皇上"夙世为僧"，是和尚转世来的，所以能"尊崇众教，使忞与天下僧侣得安泉石"。皇帝也对他讲过不少心底话，如想出家、身体瘦弱、终宵失眠等等。雍正皇帝本来对他的作品言论还批评为"亦具正知正见，于法门尚无大过"；不过木陈的记事文字中有不少漏泄顺治宫廷的事务，颇为雍正深恶，因而说"木陈忞即系宗门罪人，伊之法派何足为贵"。这是木陈一支后来被打压而渐次衰落的原因。

木陈的书法不错，顺治皇帝赞美他是"僧中右军"。他的著作有多种，其中《弘觉语录》、《百城集》、《北游集》都是可以参考研究清初史事的书。

玉林琇的弟子茆溪森跟顺治皇帝在北京相处了一年半的时间，是当时众高僧中陪伴福临最久的一位，也是为皇帝与皇家做事最多的一位。他也是广东人，父亲曾任明朝刑部侍郎。福临很宠眷他，要赐他禅师封号，他以师父玉林为禅师他不能有同样称号为由拒绝，皇帝曾为他的庙题了"敕赐圆照禅寺"的匾额，以示荣宠。顺治十七年（公元1660年）八月，福临的爱妃董鄂氏归天，相传临终时嘱咐将其"所服簪珥衣裳及诸王勋戚赙葬之物，作大道场庄严极土"。当时茆溪森正好在北京，所以一切火化事宜全由他办理。董鄂妃死后，皇帝精神无寄托，从该年九月到十月两个月中，福临曾先后访问茆溪森的馆舍三十八次，有时彻夜谈心，最后命令茆溪森为他剃度，决心去"披缁山林，孑身修道"。后来经母后与玉林琇的阻止才再蓄发。福临死后，茆溪森又来京城为皇帝主持火化大典，这位高僧也算有幸为福临夫妇处理了后事。有人说他"大清国里度天子，金銮殿上说禅道"，倒是符合事实的。茆溪森死后，弟子为他编辑语录，题名《敕赐圆照茆溪森禅师语录》。雍正皇帝对顺治时代的几僧独喜茆溪森，曾追赐他"明道正觉禅师"尊号，认为他有"卓识高见"。

顺治晚年确实信佛崇佛，所幸没有媚佛佞佛之事，没有大兴寺庙、没有滥施国帑，也算是福临的一项优点了。

四十七

顺治之死

《清实录》中记顺治之死的文字非常简单，只说在顺治十八年的正月丁巳（初七）日夜子刻，"上崩于养心殿"。福临六岁继承皇位，十八年正月死亡，一般史书都说他活了二十四岁，不过若按实际年龄来看，他的真正寿命只有二十二岁十一个月。

这正是一个人青壮年的开始，福临怎么就这样离开人世呢？所以他的死亡在当时就有人发生了疑问。有一位名叫吴伟业、号梅村的著名文学家，他在清初的国子监里也当过官，著作很多，文辞清丽，他曾写了一首《清凉山赞佛诗》，是叙史式的长诗，其中有不少文句读来让人想到弦外有音。例如诗句中有"可怜千里草，萎落无颜色"，大家就认为这是影射董鄂妃之死的，因为"千里草"三个字是"董"拆开的意思。又如"南望苍野坟，掩面添凄恻"则是指福临与董鄂妃所生小皇子荣亲王早夭的伤心事。至于"房星竟未动，天降白玉棺。惜哉善财洞，未得夸迎銮"四句，似乎是说顺治皇帝并未归天，而"尝闻穆天子，六飞骋万里"即明白地指出福临"西行"到西天出家了。吴梅村既在清朝中央做过官，他以见闻入诗，应该可以相信，当时与后世不少人都这么想的。

吴梅村暗示皇帝未死而出家的说法可能与福临生前有一度虔诚信佛有关。皇帝与几位佛教高僧都有亲密的交往，随他们参禅学佛。大约在顺治十六年底至十七年春间，他曾对木陈忞表示过有出家之念。他说："朕想前身的确是僧，今每当到寺，见僧家明窗净几，辄低回不能去。"又说："财宝妻孥，人生最贪恋摆拨不下底。朕于财宝固然不在意中，即妻孥亦风云聚散，没甚关情。若非皇太后一人罣念，便可随老和尚出家去。"这位少年天子，身体并不强健，国事操劳，加上爱子夭折、爱妃仙逝，这一切让他看破红尘是有相当可能的。事实上，据玉林琇大法师的《年谱》中的记事，福临确曾找了另一位高僧茆溪森为他落了发，玉林琇在皇太后的紧急命令下赶到北京，听说他的弟子茆溪森"为帝净发"，立即命僧人们"聚薪烧森"，准备烧死为福临剃度的徒弟。后来老和尚与光头皇帝相见，据说二人"相视而笑"。玉林琇向福临说：皇帝不能出家，"若以世法论，皇上宜永居正位，上以安圣母之心，下以乐万民之业；若以出世法论，皇上宜永做国王帝主，外以护持诸佛正法之论，内住一切大权菩萨智所住处"。顺治皇帝被他说服了，于是"欣然听决"，断了当和尚的念头。当时北京的西洋传教士也有记皇帝曾有削发出家之意，但后来被母后严斥阻止了。总之，福临是有逃禅求解脱的念头，但最后被皇太后或高僧阻劝而作罢。

另外还有一些令人联想到皇帝出家的原因如：他死后留下的遗诏竟是如此地条理清楚、语气从容，从国家大事到家庭个人小事，逐一列举，决不像一个病危快死之人的谈话，"非生别似不能若此之深憾也"，因而有人怀疑这份罪己诏书是皇帝生前经长时间思考写成的，不是死别的留言。还有为福临写遗诏的大臣王熙，为什么后来他把在皇帝病榻前的谈话"终生不以语人，虽子弟莫得而传"呢？除非遗诏有问题，或者根本皇帝没有遗诏，否则有什么害怕的呢！此外康熙皇帝几次奉皇祖母布木布泰上五台山，也是后人认为福临未死而在五台山出家的另一个理由，相信此说的人多少与吴梅村的诗有关，因为清凉山就是五台山，福临若不在此山为僧，这对祖孙为什么屡幸五台呢?

以上种种都是多年来流传的顺治皇帝可能出家为僧的原因;不过,经过前辈孟森、陈垣等名家考证,福临剃发是有可能,但出家未死绝无其事。而目前已发现不少文字史料可以证实皇帝当年是死于痘症,就是天花传染病,同时也有关于他死后火化与安葬的一些记事。以下几点可作说明:

(一)《玉林国师年谱》中记:"顺治十八年正月初三,中使马公二次奉旨至万善殿云:'圣躬少安。'师集众展礼御赐金字楞严经,绕持大士名一千,为上保安。初四,李近侍言:'圣躬不安之甚。'初七亥刻,驾崩。初八日,皇太后慈旨,请师率众即刻入宫,大行皇帝前说法。……二月初二,奉旨到景山,为世祖安位。……"

(二)《敕赐圆照茚溪森禅师语录》卷六佛事门记:辛丑(顺治十八年)二月初三日,钦差内总督满洲大人通议銮仪正堂董定邦奉世祖遗诏到圆照(指杭州圆照寺),召师进京举火,即日设世祖升退位。……四月十六日,茚溪森奉旨至京,表贺康熙皇帝。过了几天,"诣世祖金棺前秉炬"火化。同书卷二又记:火化时,茚溪森在景山寿皇殿"秉炬,曰:释迦涅盘,人天齐悟,先帝火化,更进一步。顾左右曰:大众会么,寿皇殿前,官马大路,遂进炬"。

以上两则是高僧们的有关记事。

(三)王熙《王文靖集·自撰年谱》中记说:"辛丑(指顺治十八年),三十四岁。元旦,因不行庆贺礼,黎明入内,恭请圣安,召入养心殿,赐坐,赐茶而退。翌日,入内请安,晚始出。初三日,召入养心殿,上坐御榻,命至榻前讲论移时。是日,奉天语面谕者关系重大,并前此屡有面奏,及奉谕询问密封奏折,俱不敢载。……初六日,三鼓,奉召入养心殿,谕:'朕患痘,势将不起,尔可详听朕言,速撰诏书,即就榻前书写。'恭聆天语,五内崩摧,泪不能止,奏对不成语。……遂出至乾清门下西围屏内撰拟,凡三次进览,三蒙钦定,日入时始完。至夜,圣驾宾天，泣血哀恸。……"

（四）张宸《青珰集·杂记》："辛丑年正月，世祖皇帝宾天，予守制禁中，凡二十七日。先是正月……初四日，九卿大臣问安，始知上不豫。初五日，又问安，见宫殿各门所悬门神、对联尽去，一中贵向各大臣耳语，甚怆惶。初七晚，释刑狱，诸囚狱一空。……传谕民间毋炒豆、毋燃灯、毋泼水，始知上疾为出痘。初八日，……二鼓余，宣遗诏，凄风飒飒，云阴欲冻，气极幽惨，不自知其呜咽失声矣。……十四日，焚大行所御冠袍器用珍玩于宫门外。时百官哭临未散，遥闻宫中哭声，沸天而出，仰见皇太后黑素袍，御乾清门台基上，南面，扶石栏立，哭极哀。诸宫娥数辈，俱白帕首白衣从哭，百官亦跪哭。所焚诸宝器，火焰俱五色，有声如爆豆，人言每焚一珠，即有一声，盖不知数万声矣，谓之小丢纸。……又几日，移殡宫于景山寿皇殿，先一日，陈卤簿队、象辇。……予是时始见卤簿之全。……队中有散马……八十余匹，有鞲马数十匹……，背各负数枕，备焚化，枕顶亦刻金为龙衔珠，如鞍首，共百余。驼数十匹，繁缨垂貂，极华丽，皆负绫绮绵绣，及账房什器，亦备焚。……近灵舆，各执赤金壶、金瓶、金唾壶、金盘、金碗、金盥盆、金交床椅杌等物，皆大行曾御者，亦备焚。灵舆黄幔软金檐、紫貂大坐褥，其后即梓宫，用朱红锦袱盖，诸王大臣乘马执绋，盖至是不觉哭声之愈高矣。……其后，皇太后黑缎素服，素幔步辇送殡。……各官随至景山，梓宫启东墙入，命妇在寿皇殿门内，百官在殿门外，擗踊奠楮，焚前所载诸物，谓之大丢纸，礼毕而散。……"

以上是两位清朝中央官员的记述，尤其是张宸这位内阁中书舍人的文字，写得逼真而传神，使人有亲临现场的感觉，他们的说法当然不会是编织的谎言。

（五）《汤若望传》里也写出福临死前的一些情况，例如："如同一切满洲人们一般，顺治对于痘症有一种极大的恐惧，因为这在成人差不多也总是要伤命的。在宫中特为侍奉痘神娘娘，是另设有庙坛的。或许是

203

因他对于这种病症的恐惧，而竟使他真正传染上了这种病症。在这个消息传出宫外之后，汤若望立即亲赴宫中，流着眼泪，请求容许他觐见万岁。……顺治病倒三日之后，于一六六一年二月五日到六日之夜间崩驾，享寿还未满二十三岁。"《汤若望传》中还提到顺治皇帝原先想要次子福全（一说某一位堂兄弟）继承大位的，但后来因为皇太后等人不同意，才由已经出过天花的第三子玄烨即位，这就是日后中外闻名的康熙大帝。

据上可知：当时的中央官员与出家人，或者可以说中国人与外国人，都一致地说皇帝死于天花，而出殡、火化等情形也有人记述。同时这些人都是当时代的人，并与皇帝有相当关系的人，他们的记述教人不信也难。汤若望又说了，顺治皇帝原拟选择的接班人被皇太后等人给否定了，更改为康熙皇帝玄烨，显然王熙等人奉命写下的遗诏确实是被改了，继承大位的人也不是顺治皇帝心想的，你说王熙后来还敢对人谈起吗？"终生不以语人，虽子弟莫得而传"就理所当然了。皇太后等人既然能更改皇位继承人，更改遗诏内容就更不算是什么重大之事了，遗诏像是"母责其子之言"，原因也许就在于此。

顺治皇帝就算没有出家当和尚，一个二十刚出头的青年怎么就轻易地死于痘症呢？现在再引高僧等人的一些记事，也许能解开大家的疑团。

木陈忞《北游集》中记：

上一日语师："老和尚许朕三十岁来为祝寿，庶或可待。报恩和尚（指玉林琇）来祝四十，朕决候他不得矣。"师曰："皇上当万有千岁，覆帱生民，何出此言？"上弹频曰："老和尚相朕面孔略好看。"揣怀曰："此骨已瘦如柴，似此病躯，如何挨得长久。"师曰："皇上劳心太甚，幸拨置诸缘，以早睡安神为妙。"上曰："朕若早睡，则终宵反侧，愈觉不安，必谯楼四鼓，倦极而眠，始得安枕耳。"

由此可知：福临自董鄂妃死后，已经骨瘦如柴，夜夜失眠，体弱病多已透现在木陈忞的文字之中，而且求生意志不强，自己对活到四十岁已没有信心，当他知道感染天花之后，在极度恐惧中就更难存活了。

　　福临死后，王公大臣们为他定了一个谥号为"章"，庙号世祖，所以清代官书里称呼他"大清世祖章皇帝"。

四十七

顺治之死

四十八
顺治遗诏

如前所述，顺治皇帝在死前已写好了一份遗诏，而且内容是开列了十四条责备自己的文字，这是空前绝后的文献，不能不看一看。他列举了那十四条"罪状"，现在就把大要略述如下：

（一）在用人行政上没有效法祖先努尔哈齐与皇太极，而且汉化日深，改变不少满洲淳朴旧制，"以致国治未臻，民生未遂"。

（二）圣母皇太后布木布泰的养育大恩，未能报答，有亏孝道。

（三）现在反而先于圣母离世，"反上廑圣母哀痛"。

（四）对宗室诸王、贝勒接触太少，颁恩不多，以致"情谊睽隔"。

（五）满洲八旗诸臣，历世尽忠，竟不予信任，反偏用汉人文臣，以致"满臣无心任事，精力懈弛"。

（六）自己个性好高，不能虚己延纳，不少有用人才未被任用。

（七）对某些大臣优容姑息，见不肖而不能退，没有做到惟德是用。

（八）国用浩繁，兵饷不足，而宫中奢侈浪费，"厚己薄人，益上损下"，实属不该。

（九）经营殿宇，造作器具，务极精工，而不自省察，罔体民艰。

（十）不能以礼止情，董鄂妃之丧礼过分隆重。

（十一）仿明制设立太监的十三衙门，明知其弊，不以为戒。

（十二）自己性耽闲静，常图安逸，与廷臣接触少，以致"上下情谊否塞"。

（十三）自恃聪明，不能听言纳谏。

（十四）既知有过，未能反省，以致"过端日积，愆戾愈多"。

除了这十四条之外，还有两点非常重要的大事，在此遗诏的结尾处说明，一是立皇三子玄烨为皇太子，继承皇位；一是特命索尼、苏克萨哈、遏必隆与鳌拜四人为辅政大臣。由于这份诏书不像一般皇帝的遗诏，说些歌功颂德的事，反而一再地反悔自责，可以说不合常规，所以后世的人有怀疑其真实性的。清史大家萧一山先生就说："通观此诏，并非遗嘱口吻。从容自责，而又切切以子道不终，上廑母虑为言，非生别似不能若此之深憾也。"

不过，也有清史大家不作如是想，如孟森先生就认为遗诏为大臣在皇帝临终时撰写，"大半为太后、辅臣之指，不言温树，情势宜然"。他还分析出遗诏中以重用汉官罪己，应出于满洲辅臣之意。至于自咎宫中奢侈与疏远宗亲则是为"平议者之心，而弭其气"等等。

赞成遗诏经皇太后布木布泰与辅政大臣修改过的学者，还有清史名家周远廉先生，他甚至还列出以下几条可能是被修改了：

第一条"渐习汉俗，更张旧制"，恐非福临原意。顺治最后十年取得很大成就，就在于政策汉化，用汉人大臣，他不应该引为罪状。

第四条只说对宗室亲贵情谊隔绝，友爱不周，这不是什么大罪。福临对宗室削弱大权才是严重的事，为什么不列为罪状呢？

第五条不信满洲诸臣，致满臣无心任事一点，也不是福临应该自责的。因为倚任洪承畴等汉官，对平定南方贡献很大，如何能视为大罪？

第十条董鄂妃之丧礼办得太隆重一事，更不像福临的真心话。他几乎为董鄂妃抛弃了江山，怎么能依宫规料理其后事，对爱妃视如敝履呢？

周远廉先生认为"这四条可能系太后受辅政大臣之影响，共同商议后添写的"，或是"辅政大臣之意，得到太后批准"的。

　　另外一位清史大家李治亭教授，他不认为顺治遗诏是"母责其子之言"。他相信"顺治帝还是以佛家的心性看待人生，举凡不足，皆称'罪过'。他按佛法时时检讨自己，敢于说出自己的不足，佛教宗旨，是劝人为善，凡于人不善之行为，都被视为罪恶。顺治帝信佛，崇尚佛家清净、无欲、与人为善的信条，这反映在他多次下诏自责"。"作为母亲不可能向自己的儿子身上泼脏水，污损其子的名声。……况且在起草遗诏时，有满汉两臣边听边记，整理成稿后，又经顺治帝亲自改过，其真实性，是无须过疑的"。

　　周、李两位先生的说法都很有见地，虽有一些不同分析，但基本上他们相信遗诏内容大部分是福临的心意。

　　顺治遗诏应该是可信的，现在我们再来深入地探究一下遗诏的重要意义与对日后清朝政治的影响。

　　首先，在遗诏里福临谈到宫中奢侈浪费、董鄂妃之丧礼过分隆重等事，坦承这些是罪过，应以为戒。清朝皇帝最重"敬天法祖"，顺治皇帝既把宫中花费过多当大罪，他的子孙确实多是节省的帝王，大家视俭朴为美德，这是很好的事。

　　太监的十三衙门也是福临自责的一大重点，他确认这些中央政府单位是有害的，后世子孙当然必以为戒。这也是福临死后，辅政大臣立即废掉十三衙门，而终清之世不再复设的原因。

　　再说，这份遗诏清楚地告诉我们：清朝刚入关就改变了国家首领的继承制度。在努尔哈齐时代，曾经想试行嫡长继承制，但是立褚英、代善都没有成功，因而产生了八旗亲贵共商推举制，规定新的大汗由八位和硕贝勒推选，不合适时还可以依众意罢黜；不过皇太极的继承并没有按照努尔哈齐的理想，只是他与其他三大和硕贝勒共治了一段时期，最后他一人"南面独坐"了。福临的继承是黄、白两旗争斗后妥协的结果，根本还是八旗领旗贝勒的实力左右着最高领导人谁属。福临的遗诏里却清楚地说明了皇帝是决定未来皇位继承人的人，不再由宗室亲贵决定，这是满洲旧俗的一项大改变、大突破，值得我们注意。

还有，自从满族兴起以后，努尔哈齐家族是天生的贵族，八旗全是他们的，即使是一位领兵官，甚至是固山额真这样的高职人员，都还是领旗贝勒的奴隶。宗室亲贵的权力极大，"家奴"是无权干预大政的。福临继承大位时，因年幼由叔父多尔衮、济尔哈朗摄政，他们都是宗室亲王，一般大臣是绝无可能得到理政的地位的。可是这次福临却在遗诏中交代由索尼等四大臣辅政，他们没有一个是宗室之人，可见这又是制度上的一大改变。所以难怪四大辅政大臣奉诏时，即向诸王贝勒等说："今主上遗诏，命我四人辅佐冲主。从来国家政务，惟宗室协理，索尼等皆异姓臣子，何能综理？今宜与诸王、贝勒共任之。"诸王、贝勒等曰："大行皇帝深知汝四大臣之心，故委以国家重务，诏旨甚明，谁敢干预？四大臣其勿让。"索尼等奏知皇太后，乃誓告于皇天上帝、大行皇帝灵前，然后受事。以上是清代官书中的记事，可知当时宗室旗权已被削弱，皇太后与权臣可以主其事了。

总而言之，顺治遗诏是福临大部分想说的话，其中有部分是皇太后与辅政大臣商量后增删的，或是辅政大臣修改后经皇太后批准的。这份遗诏的修改增删，对后世清朝应该是有功有过、有利有弊的。所幸继承顺治的是康熙，他在满汉的政策上拿捏得很好，在汉化与欧化程度上也运用得宜，他在实现父亲福临的遗志上算是很成功的，这也是清朝能步上盛世的一大原因。

四十九

顺治皇帝的妻妾子女

福临的妻妾子女比起他父亲皇太极与儿子玄烨来说，数目上是较少的。根据《清史稿》的记载，他的妻妾共有：

（一）废后博尔济吉特氏：她是蒙古科尔沁部人，是福临生母布木布泰的侄女，和福临算是表兄妹的关系。当年满蒙人士的婚姻不讲究近亲不婚，对优生学也知道不多，所以在满蒙联合的政治大环境下结了亲。顺治八年（公元1651年）八月，福临与她举行大婚礼，并册封为皇后。他们的婚姻只维持了两年多，到顺治十年（公元1653年）八月底，皇帝以"嗜奢侈"、"无能"种种原因废了这位皇后。有关这件事我已在本书《立后又废后》一节中详述，这里不再赘谈。

（二）孝惠章皇后博尔济吉特氏：她也是科尔沁蒙古嫁来的女子，顺治十一年（公元1654年）五月聘为妃，六月册封为皇后。后因皇帝宠幸董鄂妃，与她的关系变坏。顺治十五年（公元1658年）正月，皇太后布木布泰生病，福临借故责斥她奉侍婆婆礼节不周，下令暂停她的中宫皇后地位，三月间布木布泰病愈，下令又恢复她的地位，"如旧制封进"中宫笺表。这位皇后一直活到七十七岁，到康熙五十六年（公元1717年）才病逝。她对布木布泰在康熙年间极尽孝道，康熙皇帝对她也尊敬有加，算得上是位有福气的皇后了。

（三）孝康章皇后：是康熙皇帝的生母，她母以子贵，到康熙即位后被尊为皇太后；初入宫时为福临的妃子。她家原属汉军八旗，地位不高。据说在顺治十一年春向婆婆皇太后布木布泰请安时，皇太后发现她"衣裾有光若龙绕"，一问之下才知道她已怀孕，皇太后就对近侍们说："朕姙皇帝（指福临）实有斯祥，今妃亦有是，生子必膺大福。"同年三月就生了康熙皇帝。这位皇后家本姓佟，是汉军固山额真佟图赖的女儿。佟家在康熙年间改姓佟佳氏，并升格变为满洲八旗人，这就是因与皇家结亲被"抬旗"的例子，皇后家族被抬旗以示尊贵也是从他们开始的。可惜孝康后是位短命福薄的人，她在儿子登基后二年（公元1663年）就辞世了。

（四）孝献皇后：姓董鄂氏，又作栋鄂氏，是满语Dongga汉译的同音异字。她是内大臣鄂硕的女儿，具有满洲八旗实力派家族的背景。她十八岁入宫，福临对她"眷之特厚，宠冠后宫"；顺治十三年（公元1656年）八月先立为贤妃，十二月升皇贵妃，死后进封为皇后，她的父亲也进爵为三等伯。福临对她钟爱异常，可惜红颜薄命，她在顺治十七年（公元1660年）八月病死，皇帝为她哀痛逾恒，辍朝五日，甚至要出家为僧。福临也因董鄂妃之死精神大受打击，第二年正月就归天了。有关她的事迹请参看本书《钟情董鄂妃》专节。

（五）贞妃：她的事迹不多，只知道她是董鄂氏家人，父亲是颇有军功的巴度（又作巴都，《清史稿》作巴"庆"，可能是"度"字之误）。不过她是为福临殉葬的妃子，所以到康熙朝追封她为贞妃。

（六）淑惠妃：也是来自科尔沁蒙古博尔济吉特氏家族，是孝惠章皇后的妹妹，顺治十一年册立为妃，康熙十二年（公元1673年）尊封为淑惠妃，她活到康熙五十二年（公元1713年），也是顺治皇帝的妃子当中长寿的一位。

福临另外还有两位蒙古小妾恭靖妃与端顺妃，她们都没有为福临生儿

四十九

顺治皇帝的妻妾子女

211

育女，所以史料里几乎不见她们的记事。另有满族董鄂氏与汉族石氏，先后被封为宁悫妃与恪妃。其他穆克图氏、巴氏、陈氏、唐氏、钮氏、杨氏、乌苏氏、纳喇氏也是福临的小妾，有的还为福临生过子女，但未被钟爱宠幸。总之，福临的婚姻生活不美满，妻妾虽有十多人，但他最爱的却早死于花样年华，令他悲伤不已。

顺治皇帝的子女也不多，《清史稿》中只记他有子八人，即孝康章皇后生康熙皇帝玄烨、孝献皇后生荣亲王、宁悫妃董鄂氏生裕宪亲王福全、庶妃巴氏生牛钮、庶妃陈氏生恭亲王常宁、庶妃唐氏生奇授、庶妃钮氏生纯靖亲王隆禧、庶妃穆克图氏生永乾。其中牛钮、奇授、永乾都早死，没有封爵。

玄烨（公元1654～1722年），福临的第三子，八岁时继承皇位，改年号为康熙，俗称康熙大帝，他在位六十一年，文治武功两盛，为清朝开创了盛世。有关他的生平事功不能在此详述，请参看拙作《康熙写真》（商务印书馆，2010年）。

福全（公元1653～1703年），福临的第二子，康熙六年（公元1667年）封裕亲王，参与议政。康熙二十九年（公元1690年）授抚远大将军，与安北大将军常宁联军大败蒙古噶尔丹于乌兰布通，后因未能穷追敌军而被夺爵，罢议政，罚俸三年，撤三佐领。康熙三十五年（公元1696年）再获起用往征噶尔丹，四十二年（公元1703年）病死，卒谥宪。

常宁（公元1657～1703年），福临的第五子，康熙十年（公元1671年）封恭亲王。康熙二十九年授安北大将军，领兵出喜峰口，会同福全大军败噶尔丹于乌兰布通，亦因未能穷追敌军议罪，罢议政，罚俸三年。康熙三十五年亦参与征讨噶尔丹战役，四十二年薨，未得谥。

隆禧的史料缺乏，无法介绍其生平。

另外，在此附带要谈的一件事，就是满汉不通婚的问题。一般说法，清朝入关后为防止汉人夺权，严禁满汉通婚，皇家当然格外严厉执行此一政策。不过，事实上在顺治朝福临就娶了"河北滦州石氏女"，可能庶妃当中的唐氏、陈氏、杨氏等等都是汉族。《清史稿》中说："世祖（指福临）尝选汉官女，备六宫。"可见当时皇家也不是满汉不婚的。《清宫词选》一书中谈到"禁汉女入宫"是清朝的定制，甚至还说孝庄后布木布泰下令在紫禁城神武门上挂牌子，上书"有以缠足女子入宫者斩"，似乎禁止绑小脚的汉族女子（满蒙妇女不缠足）入宫，显然不符历史事实。

五十
顺治皇帝的学养

　　顺治十六七年间，广东籍的高僧木陈忞与福临交往甚密，对福临的影响也深，他从北京南返后，著有《北游集》一书，叙述了很多有关皇帝与宫廷之事，其中有一段记皇帝的谈话说：

> 朕极不幸，五岁时先太宗早已晏驾，皇太后生朕一身，又极娇养，无人教训，坐此失学，年至十四，九王（指多尔衮）薨，方始亲政，阅诸臣奏章，茫然不解。

　　这段记事应该是可信的，因为福临年少时确实没有念好书。根据史书记载，在福临继承大位以后不久，就有都察院的长官满达海等人上书给多尔衮与济尔哈朗两位摄政王，提到"今皇上聪明天纵，年尚幼冲，若不及时勤学，则古今兴废之道，无由而知，宜慎选博学明经之端人正士，置诸左右，朝夕讲论，以资启沃"。多尔衮等虽同意他们的看法，但仍回答说："以上（指福临）方冲幼，尚须迟一二年。"后来多尔衮带着清兵入关，顺治元年（公元1644年）九月也把小皇帝请来了北京；十月初，户

214

科给事中郝杰又奏请为皇帝开设经筵讲学，"择端雅儒臣，日译进《大学》衍义及《尚书》典谟数条"，让皇帝接受儒家教育。多尔衮又以顺治皇帝的名义降旨说："请开经筵……有俾新政，俟次第举行。"再次地推延，不让福临读书。第二年三月间，大学士冯铨、洪承畴等又奏请皇帝读书事，认为自古帝王"必以修德勤学为首务"，而且"必习汉文晓汉语，始上意得达，而下情易通"。希望快些慎选满汉词臣，朝夕进讲。多尔衮对他们的奏章根本没有批示，福临读书之事就这样一拖再拖地延误了下来。由此可知，福临在亲政之前，很少读书，没有接受正规有系统的教育。

不过，自从他十四岁亲政以后，显然勤奋地向学。木陈忞也说过：皇帝亲政后，"由是发愤读书，每晨牌至午理军国大事外，即读至晚，然顽心尚在，多不能记。逮五更起读，天宇空明，始能背诵。……计前后诸书，读了九年，曾经呕血"。木陈忞还记道：有一次侍臣抱了一堆书，约十几本，皇帝对他说："此朕读过底书，请老和尚看看。"木陈忞细看之下，都是《左传》、《史记》、《庄子》、《离骚》以及先秦、两汉、唐宋八大家，还有元明著作，"无不毕备"。

我们从福临亲自理政的十年间所颁降的谕旨、奏章上的批答以及对大臣的若干谈话等方面来看，他确实对中国诸子百家有了相当的了解，他也确实具备了解决国家军政财经问题的各项知识。现举一例，以为说明：顺治十年（公元1653年）正月，他到内院巡视，"阅《通鉴》至唐武则天事，谓大学士范文程、额色黑、宁完我、陈名夏等曰：'唐高宗以其父太宗时之才人为后，无耻之甚，且武则天种种秽行，不可胜言。'又问：'上古帝王……其自汉高以下、明代以前，何帝为优？'对曰：'汉高、文帝、光武、唐太宗、宋太祖、明洪武俱属贤君。'上曰：'此数君者，又孰优？'名夏曰：'唐太宗似过之。'上曰：'岂独唐太宗，朕以为历代贤君，莫如洪武。何也？……洪武所定条例章程，规画周详，朕所以谓历代之君不及洪武也。'"可见他对历史是非常熟悉的。

顺治皇帝的学养

木陈忞在《北游集》里还特别告诉后人顺治皇帝对中国文学极为爱好，而且有精深的研究。请看：

上一日与师广谭（谈）古今词赋，谓："词如楚骚，赋如司马相如，皆所谓开天辟地之文。至若宋臣苏轼前后《赤壁赋》则又独出机杼，别成一调，尤为精妙。老和尚看者（这）两篇，前后孰优？"师曰："时人多谓前赋'自其变者（而）观之'下，不合说道理，不如后赋命意更觉浑肤（然）无迹。据道忞看来，苏轼自以才高忤世，不得于君，谪迁散（散）地，远窜江湖，一切牢骚不平之气，付诸水月梦幻之观，前来江山难再，风月无穷，即后来涉险归休，万缘一梦。非前篇之游神道妙，无由知后篇之寓意深长。前赋即后赋，难置优劣其间也。"上曰："老和尚论得极当。"乃通诵前赋一篇，问师曰："念得不错么？"师曰："不错。"上复言："晋朝无文字，唯陶潜《归去来辞》独佳。"亦为师诵之。又诵《离骚》，至中间觉龃龉，乃曰："久不经理，竟忘前失后矣！"

《北游集》中又记述以下一则有关福临了解诗词音韵的事：

上一日持一韵本示师曰："此词曲家所用之韵，与沈约诗韵大不相同。"师为展阅一过。上曰："北京说话，独遗入声韵，盖凡遇入声字眼，皆翻作平上去声耳。"于是上亲以喉唇齿舌鼻之音调，为平上去入之韵，与师听之，又言："《西厢》亦有南北调之不同，老和尚可曾看过么？"师曰："少年曾繙（翻）阅，至于南北《西厢》，忞实未辨也。"上曰："老和尚看此词何如？"师曰："风情韵致，皆从男女居室上体贴出来，故非诸词所逮也。"师乃问上："《红拂记》曾经御览否？"上曰：

216

"《红拂》词妙，而道白不佳。"师曰："何如？"上曰："不合用四六词，反觉头巾气，使人听之生趣索然矣。"师曰："敬服圣论。"

木陈忞又说福临虽身居宫中，但对地方名家作品有些竟能如数家珍。有一天，皇帝问木陈忞："苏州有个金若寀，老和尚可知其人么？"木陈忞答称："闻有个金圣叹，未知是否。"上曰："正是其人。他曾批评得有《西厢》、《水浒传》，议论尽有遐思，未免太生穿凿，想是才高而见僻者。"可见皇帝对出版界的消息很灵通，而且还真的读了新书，并作出有深度的评论。

说到《西厢》一书，顺治皇帝对此书显然十分爱读。顺治十五年（公元1658年），学士王熙侍经筵，福临竟在严肃的讨论经史专书的场合，谈起有一寺庙墙壁上尽画《西厢》的事，尤其对张生初见双文时那句"怎当他临去秋波那一转"竟令老僧能悟禅尤感惊奇。王熙回奏说大文豪尤侗曾以此句作为八股题目，按八股体制，戏作一篇。皇帝立即"索览，亲加批点，称（尤侗）才子者再"。这一故事足以说明福临对《西厢》内容理解颇深，而对佛家悟禅公案也有相当了解。

福临除了对中国经史文学的很多著作有研究外，他在书法与绘画方面也有颇深的造诣。木陈忞就跟他谈论过书道。福临说："挥毫时若不胆大，则心手不能相忘，到底欠于圆活。"这实在是名言。木陈忞曾向皇帝请赐御笔墨宝，福临即席濡毫，书一"敬"字，后又写了几幅小品，有些赠送给了木陈忞。木陈忞得到的福临墨宝还有"敬佛"二大字及唐代诗人岑参的《春梦诗》一幅。其诗为："洞房昨夜春风起，遥忆美人湘江水。枕上片时春梦中，行尽江南数千里。"据清初名士王士禛在《池北偶谈》一书称：这些墨宝后来存放在北京西山新法海寺及前门善果寺中，御书"笔势飞动"，很有美感。

王士禛在同书中还说：康熙六年（公元1667年）元宵夜，他在礼部尚书王崇简家看到了福临画的山水小幅，"写林峦向背水石明晦之状，真得宋、元人三昧"。他更赞美顺治皇帝的画艺说："上以武功定天下，万几之余，游艺翰墨，时以奎藻颁赐部院大臣，而胸中丘壑又有荆（指荆浩）、关（指关仝）、倪（指倪瓒）、黄（指黄公望）所不到者，真天纵也。"

顺治皇帝还从汤若望处学到不少西洋天文知识以及一些物理学方面的问题。这在《汤若望传》一书中可以看得出来。

据上可知：福临虽是满族入关后的第一代君主，但他决不是胸无点墨的"夷人"。相反地，他汉化的程度很深，汉人的古籍他都通晓，书法绘画他也兼通。我同意周远廉教授称赞他的话："福临这位少年天子，真是书画双妙，文史兼优的罕有奇才。"

结语

我评顺治

清朝入关后的第一位皇帝姓爱新觉罗，名福临，年号顺治，庙号世祖，他在位表面上共十八年，其实前七年是他叔叔多尔衮摄政，多尔衮专政威权，福临只是"拱手以承祀"而已。他统治的最后一年，即顺治十八年（公元1661年），正月初七日他就病逝，所以从他顺治七年（公元1650年）底亲政到他死亡，真正享国的时间是十年又一个月。在他统治期间，国家尚未完全统一，可以说还是多事之秋，不但各地兵灾天灾不断，国库与人民都窘困异常，生产尚未恢复，社会呈现不安，从即位到他病逝之日，政府仍是入不敷出，战火也未全部熄灭，好像他对国家的治理贡献不多。加上他无端地废后，专宠皇贵妃，与和尚们过从亲密，甚至演出要出家的闹剧，一般人都对他的看法不佳、评价不好。福临究竟是怎么样的一位君主呢？他的施政得失功过如何呢？他的私人生活与感情世界是不是都如野史八卦报道的那样呢？我觉得有进一步探讨的必要。

从本书前面各节的叙述中，相信大家已经了解福临在亲政之初，实在做了一番杰出的表现。例如在平定抗清的战争中，顺治九年（公元1652年）是极为不顺利的一年，定南王孔有德与敬谨亲王尼堪二人相继战败身亡，前线又丧师失地，可以说是清人入关以来在军事上遭到的最大的挫败。福临当时刚从多尔衮手里接过政权，他与王公大臣们反复筹商，决定攻变战略，实行招降弭乱的怀柔手段，以俟局势稳定之后，再行进取。对各地"土寇"与小股武装反抗人士，谕令自首投诚，既往不究，"尽赦前罪"。对郑成功等大势力集团，则以土地官爵诱惑。对湖广、广东、广西、云南、贵州五省，则让老谋深算的洪承畴"便宜行事"。这种改剿为抚或抚剿兼施的手法，使当时全国战局转向有利方向发展，为日后进取云贵、统一全国，奠定了基础。

明清之际，由于战争连年，破坏了各地生产事业，造成农田荒芜，流民遍地，也影响到国家财政。福临深知改善国计民生是帝王治国的首要任务，因此他采纳了范文程、孟乔芳等人的建议，先在北方推行屯田开荒。这一措施，实在一举多得，既可增加粮食，解决赋税亏绌，又能让人民参与生产行列，有助于"弭盗安民"。有的地方政府贷给农民牛只种子，有的地方官奖励乡绅、富人招民垦荒。这样确实做到了"不烦帑金之费，而坐收额课之盈"的效果。在另一方面，政府又命令编印《赋役全书》，以防止各级官员的加征和私派。这项垦荒政策，对当时国家财政大有裨益。

顺治皇帝也知道明末因增饷加派，弄得民不聊生，他亲政后立即停止避暑之城的兴建，免除各地的贡物，减少宫中用度，甚至蠲免人民的钱粮等等，这一切都是为了给人民有个休养生息的环境。皇帝又为了稳定社会秩序，大力清除地方恶势力，消灭盗匪，并打击土豪劣绅。另外他又认为"朝廷治国安民，首在严惩贪官"，因而不断降谕，痛斥刻剥民财的各级官员，除以大计制度甄别考核之外，更以严法制裁贪官污吏，甚至明令官员犯赃十两白银的就家产没官，犯人流徙或予处斩，藉此达到止贪与整饬吏治的目标。他在每次大赦诏书都会列出很多罪人得赦，但贪官例外，足见他惩贪的决心。

顺治皇帝当然知道要统治好那么广大的中国、那么众多的汉族人民，非重用得力的汉人文官武将不可。他打破祖先的传统，提升了汉官的地位与权力，尽管他背上了"沾染汉俗"的罪名，但对清朝在中原稳固立足与皇权的加强都有绝对的益处。

福临亲政十年期间，政府的行政与他个人的行事也并非无懈可击、样样都好。就以"汉化"与重用汉官来说，他被后人评论的地方就有很多，例如仿照明制恢复太监的十三衙门，虽然他作了一些改进，限制了太监的权限与活动范围，但是既是明朝的规制，必然产生明朝的若干发生过的弊端。太监仍然是外官联络的对象，连高僧们都得设法打通太监的关节来接近福临，其他如太监引导皇帝不务正业更是难免。福临确实比较尊重汉官，重用汉人，但是在他心里仍是首崇满洲，对汉人也加重提防的。尤其中国南方是人文渊薮，反清意识较浓，皇帝对南方官员的防范更严、更多，陈名夏的被处死以及"南人"官员的受压抑就是明证。就连南方的科场案处理得也比北方的严厉，可见福临对汉人、汉化也不是盲目有好感的，他还是以现实利益作考虑的。

　　首崇满洲的政策特别在圈地、逃人法等等表现得突出。在福临亲政时代，圈地没有完全停止，而逃人法则是愈订愈严，是入关后历朝中推行逃人法最为严厉的时期，带来的恶果十分严重，的确是祸国殃民，福临难辞其咎。

　　顺治皇帝严惩贪官是获得大家赞赏的，但是他的惩贪竟有双重标准。十三衙门成立之后，如前所述，太监与外官交结难免，后来更发生不少外官"坏法通贿"福临的心腹太监吴良辅。顺治十五年（公元1658年）案发，当过大学士的陈之遴与前任漕运总督吴惟华等不少人，都花钱走吴良辅的门路，皇帝大怒之下，将陈之遴革职，父母兄弟妻子流放沈阳，家产籍没，吴惟华也打了四十大板，和家人一同流徙宁古塔，家产也被充公。可是受贿的太监吴良辅则没有受到任何处分，待他如初，宠他依旧。周远廉先生说假如福临不是英年早逝，太监在清朝的危害可能更大、更多，我很同意这种看法。

　　不过，顺治皇帝倒也为他的子孙立下不少榜样，现在列举大者如下：

　　第一，勤奋读书：福临从小未受正式有系统的教育，亲政后靠经筵和自己苦读对学问才大有精进，他对中国经史有相当研究，尤其对中国古典文学的造诣颇深。日后皇家子弟有制度地接受教育，朝廷里认真地举办经筵，应该都是受福临影响的。

第二，崇儒国策：虽然多尔衮入关后就强调尊孔，相信这是降清汉人大臣们建议的，多尔衮本人对儒学的了解不多，自己读的汉书很少。福临对尊孔崇儒可以治理中国的道理绝对比多尔衮知道得多，因此他在汉文化的熏陶下，领悟了儒家"文教治天下"的奥秘，他利用汉人生活方式与伦理观念加强他的统治，在这方面，他确实远远胜过他的父祖，也深深影响到他的后代。

第三，提倡行围：福临从小就像一般满族少年一样，喜欢骑射。即至成年，仍乐此不疲。他除了在南苑游猎外，顺治四年（公元1647年）和八年（公元1651年），他先后两次在众多扈从保护下，出张家口、独石口等地举行围猎；他的儿子康熙皇帝更在热河一带开辟围场，每年"塞外行围"，后来更增加了笼络蒙古等族的政治作用，木兰"秋狝"被变成制度化的行事了，而开端者是顺治皇帝。

第四，崇佛不佞佛：福临在统治后期，与佛教高僧们交往频繁，甚为亲密，甚至一度因爱妃去世而意志消沉，有出家之念；但是他把信佛事与国事分开，从未动用过国帑为高僧盖大庙，也没有向人民公开提倡信佛，或以佛教为国教等的政治行为，信佛只是他个人的宗教信仰而已。这一传统，显然也被他的子孙传承了，盛世的康雍乾三帝，都对佛教有精深的研究，但都不迷信佛教，只把宗教作为他们统治国家的辅助工具罢了。

最后，我们来讨论一下福临的私人问题吧。

福临曾对木陈忞禅师说："皇太后生朕一身，又极娇养。""娇养"的结果当然就有个性上的一些特别现象，或者可以说是缺陷。高僧说"龙性难撄"，汤若望说他"有一种火烈急暴的脾气"。顺治皇帝个性的形成，我自己以为也可能与他幼年受到多尔衮及其党羽人等对待他的态度有关。举例子来说，多尔衮的心腹巩阿岱、锡翰、席讷布库等人，陪福临出猎时，让皇帝走"险峻崎岖"的路，而他们自己则走"平坦之路"，当皇帝不得不下马步行时，巩阿岱等就奚落和讽刺地说："年少不习骑射，似此路径，遂下马步行耶？"巩阿岱与锡翰二人又在夏猎时"身穿金黄号衣，骑射于皇上之前，僭越已极"。锡翰当班的日子，他常常"未奉上命，私自回家"。这一切"肆意讥讽，无人臣之礼"的表现全都是多尔衮的爪牙们知道他们主子对福临的态度，才敢有如此的行径。福临看在眼里，记在心中，恼怒不已，但又无可奈何，这当然对他性格的养成有重大的影响。由此看来，独生子福临在"娇养"下具有了任性、霸道的个性，而在多尔衮的淫威下，又使他心怀报复，并产生独裁专权的野心。亲政后他斗争多尔衮，整肃其余党，力排众议地复派巡按，雷霆天威地枭斩李三，不惧一切地废黜皇后，坚持己见地设立十三衙门……这些都多少与他的个性有关。

由于福临雅爱中国文学，对《西厢记》等书尤有研究，他与木陈忞为"怎当他临去秋波那一转"讨论过很久，他也为木陈忞的弟子天岸升说出"不风流处也风流"而捧腹大笑过，可见他的感情世界很丰富，而且多愁善感，他可以被视为浪漫的文人。他不顾一切地宠爱董鄂妃，甚至想演出"不爱江山爱美人"的戏目，都是与他任性、浪漫个性有关的。

不过，福临是个本性善良的人，也是富有责任感的人，特别是他受到宗教的感染之后，性格上有些表现确是不同凡响的。

福临不喜欢人家对他过分献谀称颂，有一次工科都给事中姚延启向他上疏，赞美他"文德武功，史不胜书"，祈请他"加圣号，宣示中外"，被他痛斥了一顿。顺治十六年（公元1659年）正月，南下清军三路会师云南省城，全国统一工作接近完成了，有人主张应加庆祝时，他却冷淡地回答：大业一统，"非朕德威所能自致，何敢居功，宣捷表贺等礼俱不必行"。第二年正月，祭告天地、宗庙时，他发表的文告仍是低调的，没有自矜自夸的文辞。相反地，他下令："自今以后，元旦、冬至、寿节，天下庆贺表章，皇太后前照常恭进，朕前表章暂行停止。"可见他具有谦虚的胸怀。

顺治皇帝也像宗教家们一样，常常喜欢忏悔自责。例如顺治十一年（公元1654年）冬，因为地震频繁发生，水旱叠告，他"省躬自责"地说："皆朕不德之所致也。朕以藐躬，托于王公臣庶之上，政教不修，经纶无术，一夫不获，咎在朕躬，而内外章奏文移，动辄称圣，是重朕之不德也，何以自安。自今以后，朕痛自修省，悉意安民。……"顺治十三年（公元1656年）三月，他又因天象不正，"冬雷春雪，陨石雨土"而下诏罪己，说这些灾异都是因为他"不德所致"，他"有负于上天作君之心"、"有负于祖宗付托之心"、"有负于百姓望治之心"，罪过多多。顺治十七年（公元1660年）正月，正是全国基本上都在清廷控制之时，可以说是入关以来最值得欢欣庆祝的时刻，他却在大赦诏书里又引咎自责，他说："反复思维，皆朕不德，负上天之简畀，愧祖宗之寄托，虚皇太后教育之恩，孤四海万民之望，每怀及此，罔敢即安。"临终前留下的遗诏，也是有同样的基调内容。这也可以说明福临性格上的一项优点。

总之，顺治皇帝不是荒君，他在位十多年间，为大清皇朝作了不少贡献，康乾盛世，清朝国祚长达二百六十八年，都与他的奠基工作有关。当然他也有很多政策上与行为上错误的地方，但是他的功应该是大于过的，若与明末的帝王相比，他可以被列为上乘君主了。

图书在版编目(CIP)数据

顺治写真/陈捷先著.—北京:商务印书馆,2010.12
ISBN 978 - 7 - 100 - 07579 - 4

I.①顺… II.①陈… III.①顺治帝(1638~1661)
—传记 IV.①K827＝49

中国版本图书馆 CIP 数据核字(2010)第 244253 号

所有权利保留。

未经许可,不得以任何方式使用。

顺 治 写 真

陈捷先 著

商 务 印 书 馆 出 版
(北京王府井大街 36 号 邮政编码 100710)
商 务 印 书 馆 发 行
北 京 京 海 印 刷 厂 印 刷
ISBN 978-7-100-07579-4

2011 年 4 月第 1 版   开本 680×960 1/16
2011 年 5 月北京第 2 次印刷   印张 16 插页 8

定价:34.80 元